やさしくわかる

職場の
ハラスメント対策

エキップ社会保険労務士法人
代表社員・特定社会保険労務士 **濱田京子**

アニモ出版

はじめに

　大企業は2020年6月から、中小企業は2022年4月から、改正労働施策総合推進法（いわゆるパワハラ防止法）の施行により、職場におけるパワーハラスメントを防止するための措置が義務化されました。

　企業には、以前からパワハラのほかにセクハラ、マタハラ、イクハラと、ハラスメント防止のための措置が義務づけられていましたが、2022年4月以降のパワハラ防止法の全面施行がひとつのきっかけとなり、その重要性を認識した企業も多かったのではないでしょうか。

　実際に、個別労働紛争解決制度において寄せられる民事上の相談内容は、12年連続で「いじめ・嫌がらせ」がトップであり（令和5年度の個別労働紛争解決制度の施行状況結果から）、また、都道府県労働局雇用環境・均等部が扱う相談でも、セクハラ・パワハラが多くを占めているというデータがあります。

　つまり、職場でのハラスメントが労使トラブルの原因の1つとなっているという事実からも、ハラスメント防止対策に力を入れなければならない状態といえます。

　しかし、実際に企業の人事労務担当者が、厚生労働省の資料等を読み込んで具体的に何をどのようにすべきなのか、ということを正しく理解するためには、時間も労力もかかります。そこで、その一助となる情報をわかりやすくまとめてみたものがこの本です。

　本書では、ハラスメントに関する基本事項を1項目見開き2

ページでまとめています。

　基本事項に限らず、具体的な対応方法の解説等も含めたコンテンツなので、ハラスメントに関して困ったときには、「もくじ」から簡単に調べる方法で活用していただくこともできます。

　私は、東京労働局紛争調整委員会のあっせん委員としてのお役目をいただき、今年で7年目となりましたが、そのあっせんの現場で、毎回のようにハラスメントがトラブルの原因の1つとして含まれている現実を目の当たりにしています。

　そのなかには、トラブルの原因が労働者の知識不足や企業側の説明不足も多く含まれているので、労使ともにハラスメントを正しく理解することが、トラブルを未然に防ぐ一歩になると感じています。

　本書は、経営者やハラスメント防止対策の実務を担当する人事労務の方はもちろん、マネジメントの現場でハラスメントの相談相手になることもある管理職のみなさんにも参考になる内容になっていると思います。少しでもお役立ていただければ幸いです。

2024年8月　　　　　　　　　　エキップ社会保険労務士法人代表社員
　　　　　　　　　　　　　　　特定社会保険労務士　濱田　京子

　本書の内容は、2024年8月15日現在の法令等にもとづいています。

やさしくわかる　職場のハラスメント対策
もくじ

はじめに

1章 職場におけるハラスメントの基礎知識

1-1 職場におけるハラスメントとは ………………………………………… 12

1-2 ハラスメントの影響──事業主 ………………………………………… 14

1-3 ハラスメントの影響──行為者 ………………………………………… 16

1-4 ハラスメントの影響──被害者 ………………………………………… 18

1-5 ハラスメントの影響──組織 …………………………………………… 20

ハラスメント ＋ コラム ハラスメントの誕生から現在　22

2章 セクハラの定義と判断基準

2-1 セクハラとは ……………………………………………………………… 24

2-2 セクハラの種類 …………………………………………………………… 26

2-3	セクハラの範囲	28
2-4	セクハラの判断基準	30
2-5	精神障害の認定基準における セクハラの出来事の評価	32
2-6	これはセクハラになるの？	34

ハラスメント ⊕ コラム セカンドハラスメントとは　36

3章 パワハラの定義と判断基準

3-1	パワハラとは	38
3-2	パワハラの種類	40
3-3	パワハラの範囲	42
3-4	パワハラの判断基準	44
3-5	職場におけるパワハラは会社の責任	46
3-6	精神障害の認定基準における パワハラの出来事の評価	48
3-7	パワハラと認定され 損害賠償請求が認められた裁判例	50
3-8	パワハラの該当性が否認された裁判例	52

ハラスメント ⊕ コラム 業務上の指示とハラスメント　54

4章 マタハラ・イクハラ・カスハラの定義と判断基準

- 4-1 マタハラ・イクハラとは ……………………………………… 56
- 4-2 どのような言動がマタハラ・イクハラになるのか ……… 58
- 4-3 妊娠・出産・育休などを理由とする不利益変更取扱いの禁止 ……………………………………… 60
- 4-4 妊娠・出産・育児休業等の申し出等を「理由として」いるかどうかの判断 ……………………… 62
- 4-5 マタハラ・イクハラの種類 …………………………………… 64
- 4-6 カスタマーハラスメントとは ………………………………… 66
- 4-7 カスハラへの対応マニュアル ………………………………… 68
- 4-8 カスハラ対策の必要性 ………………………………………… 70
- 4-9 カスハラにより労災認定される可能性 ……………………… 72
- 4-10 企業が取り組むべきカスハラ対策 ………………………… 74
- 4-11 就活ハラスメントとは ……………………………………… 76
- 4-12 就活ハラスメントへの対応方法 …………………………… 78

ハラスメント ＋ コラム　カスハラの具体的な行為例　80

5章

事業主に義務づけられる ハラスメント防止措置とは

5-1 ハラスメント防止措置の概要 ……………………………… 82

5-2 事業主の方針の明確化 ……………………………………… 84

5-3 相談に適切に対応するために必要な措置 ……………… 86

5-4 ハラスメントの相談を受け付けた際に 求められる対応 …………………………………………… 88

5-5 プライバシー保護に関する講ずべき措置 …………… 90

5-6 不利益取扱いに関する講ずべき措置 ………………… 92

5-7 マタハラ・イクハラの原因や 背景となる要因を解決するための措置 ……………… 94

5-8 事業主が行なうことが望ましい取組み（努力義務）………… 96

5-9 パワハラに関して努力義務化されている取組み ………… 98

5-10 カスハラに対して行なうことが望ましい取組み ………… 100

5-11 イクハラ・マタハラの 制度利用対象者への周知・啓発 ……………………… 102

ハラスメント ⊕ コラム ハラスメント防止のための トップメッセージ　104

6章

ハラスメント相談窓口の役割と ハラスメント発生時の対応のしかた

6-1 相談窓口の設置方法 ……………………………………………… 106

6-2 相談対応の留意点 ……………………………………………… 108

6-3 相談対応の流れ ── 事実確認と調査 …………………………… 110

6-4 行為者への対応方法 ── 処分決定の留意点 …………………… 112

6-5 被害者への対応方法 …………………………………………… 114

6-6 再発防止措置の実行 …………………………………………… 116

6-7 プライバシー保護と不利益取扱いの禁止 …………………… 118

6-8 相談窓口担当者への教育 ── 一次対応方法 ………………… 120

6-9 相談窓口担当者への教育 ── 事実関係の確認 ……………… 122

6-10 相談窓口担当者への教育
── 対応措置の検討・実施 ……………………………… 124

6-11 相談窓口担当者への教育
── 相談者・行為者へのフォローアップ ……………… 126

6-12 相談窓口担当者への教育
── 再発防止策の検討・実施 …………………………… 128

6-13 ケース別初動対応
── 第三者からの通報から始まるケース ……………… 130

6-14 ケース別初動対応
── 匿名で通報があった場合の対応 …………………… 132

6-15 ハラスメントに該当しなかった場合の終了方法 ················ 134

ハラスメント ⊕ コラム 相談体制チェックリスト　136

7章 ハラスメント防止のための 研修の準備・設計・実施のしかた

7-1 研修の準備——実態把握と課題の確認 ······························· 138

7-2 研修の準備——テーマとゴールの設定 ····························· 140

7-3 研修の設計——研修の受講者の決定と研修形式 ················ 142

7-4 研修の設計——研修コンテンツの構成 ····························· 144

7-5 研修の設計——ハラスメント事例を共有する ··················· 146

7-6 研修の設計
　　　——ハラスメント防止のために身につけたいスキル① ······ 148

7-7 研修の設計
　　　——ハラスメント防止のために身につけたいスキル② ······ 150

7-8 研修の実施——効果的な研修にするために必要なこと ······ 152

7-9 研修の実施——受講者の意欲の引き出し方 ····························· 154

7-10 研修のフォローアップ——研修直後の対応 ······················ 156

ハラスメント ⊕ コラム モラハラとは　158

8章 ハラスメントと労災の認定はどうなっているか

- **8-1** 労災とは ……………………………………………………………… 160
- **8-2** 精神障害の労災認定の流れ① ……………………………………… 162
- **8-3** 精神障害の労災認定の流れ② ……………………………………… 164
- **8-4** 精神障害の労災認定の流れ③ ……………………………………… 166
- **8-5** 労働保険審査会で労災認定された事例 …………………………… 168
- **8-6** ハラスメント相談対応をめぐる裁判例 …………………………… 170

ハラスメント ＋ コラム 労災認定する際の
心理的負荷の評価　172

おわりに　173

カバーデザイン◎水野敬一
本文DTP＆図版＆イラスト◎伊藤加寿美（一企画）

職場におけるハラスメントの基礎知識

まず、基礎知識を
しっかり身につけて
おきましょう。

1-1 職場におけるハラスメントとは

 法的に根拠があるハラスメントは4つ

　ハラスメントとは、「嫌がらせ」「いじめ」のなどの迷惑行為のことで、「**セクシャルハラスメント**」（セクハラ）、「**パワーハラスメント**」（パワハラ）などがよく知られています。

　最近では、セクハラやパワハラだけではなく、ほかにも「○○ハラスメント」といろいろな行為について、本人が嫌だと思ったらハラスメントだと主張する人が出てきています。

　しかし、実際に職場で発生すると考えられるハラスメントとして、法的に根拠があるものは次の4つです。

---
①セクシャルハラスメント（男女雇用機会均等法11条）
②パワーハラスメント（労働施策総合推進法30条の2）
③妊娠・出産を理由として受けるハラスメント（マタハラ）（男女雇用機会均等法11条の2）
④育児・介護休業などを理由に受けるハラスメント（イクハラ・パタハラ）（育児介護休業法25条）

　ただし、これらの法律では「ハラスメント行為は禁止」という定めがされているわけではなく、「労働者の就業環境を害されることがないように、事業主は必要な措置を講じなければならない」という趣旨のことが規定されています。

　つまり、会社に対して環境整備と相談対応などのしくみを構築することが義務づけられていて、ハラスメント行為自体が法違反と定められているわけではありません。しかし、ハラスメントの相談をした労働者に対して、相談したことを理由に不利益な取扱いをする

ことは禁止されています。

　なお、厚生労働省（厚労省）が運営しているハラスメント対策の総合情報サイトの「あかるい職場応援団」では、上記4つのハラスメント以外に、「カスタマーハラスメント」と「就活ハラスメント」についても詳しく説明されています。この2つは明確に法的根拠があるハラスメントではありませんが、職場で起き得るハラスメントとして認識しておくとよいでしょう。これらの詳細は4章で解説します。

　ちなみに、厚労省では令和4年度の個別労働紛争制度の施行状況を公表していますが、相談内容で最も多いのは「いじめ・嫌がらせ」です。民事上の個別労働紛争相談件数は27万2,185件、そのうち6万9,932件がいじめ・嫌がらせの事案となっていますので、職場ではハラスメントにまつわるトラブルが多く発生しているといえます。

チェックリスト

- ☐ 法的根拠のあるハラスメントは4つ（セクハラ・パワハラ・マタハラ・イクハラ）
- ☐ ハラスメント行為を禁止すると法律で定められているわけではない
- ☐ 事業主には、就業環境の整備、ハラスメント相談対応、その他雇用管理上の措置を講じる義務がある

1-2 ハラスメントの影響——事業主

 雇用管理上の防止措置を講じる義務がある

　事業主には、職場でハラスメント行為が起きないように、雇用管理上の防止措置を講じる義務があります。

　パワーハラスメント行為が発生したことをもって罰則が科されるというようなことはありませんが、ハラスメント防止措置を講じていないと判断されると、厚生労働大臣による指導や勧告の対象となります。そして、その指導や勧告に従わない場合は、社名とハラスメントの内容が公表される可能性があります。

　厚生労働大臣は、会社に対して防止措置と実施状況についての報告を求めることができますが、その報告をしなかったり、虚偽の報告をした場合は、30万円以下の罰金という罰則規定が定められています。

 雇用管理上講ずべき措置とは

　職場で起きるハラスメントの行為者も被害者も、会社と雇用契約を締結している労働者であることがほとんどです。

　労働者の１人である被害者の視点では、会社が職場環境整備義務を怠ったと考えることができるので、会社に課されている**安全配慮義務の不履行**を問われることが考えられます。つまり、民法上の債務不履行にもとづく損害賠償責任を問われることがあることになります。

　職場におけるハラスメントは、ハラスメント行為者個人と被害者個人だけの問題ではなく、会社の責任も問われることになります。

　そのような環境下でハラスメント防止措置を講じることは、雇用

管理上の必要なことであるといえます。

男女雇用機会均等法、労働施策総合推進法、育児介護休業法のそれぞれでハラスメント防止措置に関して「指針」が出ていますので、それらの内容を踏まえた措置を講じる必要があります。

指針の内容は法律のそれぞれで異なりますが、共通して事業主が雇用管理上講ずべき措置としてあげられている主な内容は次の３つです。

◎事業主の方針の明確化とその周知・啓発
◎相談に応じ、適切な対応をするための体制整備
◎ハラスメント発生後の迅速な対応と適切な内容の周知

チェックリスト

☐ 職場におけるハラスメント行為は、当事者同士だけの問題ではない
☐ 会社は、ハラスメント被害者から安全配慮義務の債務不履行を問われる可能性がある
☐ 関連法律の指針で示されている内容を遵守していない場合は、指導の対象となる可能性がある

1-3

ハラスメントの影響──行為者

 行為者は懲戒規定に準じて処分される

　会社が職場でハラスメント行為があったと判断した労働者は、あらかじめ就業規則などに定めている**懲戒処分を受ける**ことになります。

　ハラスメント防止のために事業主が講ずべき措置として、ハラスメント行為者に対する「厳正な措置の実施」がありますが、就業規則ではハラスメントを禁止するだけではなく、ハラスメント行為に対しては懲戒の規定を定める必要がありますので、その規定に準じて行為者は処分されます。

　社内の処分という位置づけで懲戒処分がありますが、被害者個人からの民事訴訟の提起で、責任を問われ**賠償責任を負わされる**可能性もあります。

　そのほか、ハラスメント行為が殴る蹴るなどの暴行だった場合やエスカレートした発言で脅迫となるような行為があれば、暴行、傷害、脅迫などの刑法上の犯罪行為となります。

　また、行為者がハラスメント行為の代償として諭旨解雇や懲戒解雇などの厳しい懲戒処分を受けることがなかったとしても、懲戒処分後の本人を取り巻く環境は厳しいものになる可能性があります。結果として、行為者本人が精神疾患に罹患するというケースも考えられます。

 社員教育や研修実施の重要性

　ハラスメント行為者を出さないようにするためには、**社員教育**が重要です。

多くの場合は、ハラスメント行為者自身は何がハラスメント行為になるのかということを理解していない、またはその行為による影響範囲が大きいことを認識していないということがあります。

　当人同士の問題と、その行為が職場で行なわれていることの問題を事前に理解させておくことが重要です。
　社員教育として研修をすることでハラスメントの基礎知識を身につけることのほか、職場環境としてもハラスメント行為を許さない文化をつくっていくことも大切です。
　社内文化の醸成には時間がかかりますが、周りの人が自然とけん制できる雰囲気やコミュニケーションを取りやすい関係性などがハラスメント防止にもつながります。

チェックリスト

- ☐ ハラスメント行為者は、社内の懲戒処分を受けるだけではなく、民事訴訟で責任を問われる可能性もある。
- ☐ ハラスメント行為により懲戒処分を受けた後の信頼回復には時間を要する

1-4
ハラスメントの影響──被害者

 まず被害を相談することから始まる

　ハラスメント行為が社内で認識されるためには、被害者が声をあげることが必要です。多くの場合は、被害者が社内外の相談窓口に相談することから始まりますが、実は被害者が最初に相談するのは、近くにいる信頼できる同僚や上司であることが多いのです。

　身近に相談相手がいない場合、または身近な相談相手との話だけでは解決しない場合などには、社内外の相談窓口や人事部へ相談するという流れになります。ここで問題となるのは行為者の場合と同様に、**本人がある程度ハラスメントに関する知識があるかどうか**、いうことです。

　ハラスメントではなく単なる業務命令もハラスメントだと大騒ぎするようなことがあっては困りますし、逆にハラスメント行為だと認識できず、我慢し続けることで体調不良になるような事態も避けなければなりません。

　労働者全員にハラスメントに対する基本的な知識をもってもらうことはとても重要です。

　会社組織として**ハラスメントの相談窓口を設置**することが必要になりますが、その相談窓口では本人のプライバシーに配慮すること、相談したことによって不利益な取扱いを受けることはないということも周知しなければなりません。

　なお、相談窓口は必ずしも社内に設けなくても、外部の相談窓口を利用できるように設定することも可能です。また、労働局や労働基準監督署の総合労働相談コーナーでも無料で相談を受けつけていて、電話での相談も可能です。

被害者は安心して仕事ができなくなる

　ハラスメントが起きて、その被害者に影響することというと、本人の仕事に対するモチベーションの低下だけではなく、会社へのエンゲージメントやロイヤリティの低下も考えられます。

　安心して仕事ができない環境では、継続勤務したくなくなることも考えられます。結果として精神疾患に罹患することも考えられますし、それが職場のハラスメントが原因となると、業務上災害（労災）ということにもなりかねません。

　一度悪化した人間関係を修復するには相当なパワーも必要になるので、ハラスメントの相談をすること自体も被害者本人にとっては勇気がいることです。

　特に、会社経営者や取締役などの上位の職位にある人からのハラスメントであれば余計に影響が大きいです。組織としてハラスメント防止措置を講ずる意味は大いにあり、しくみとして存在しなければ被害者を救えません。

 チェックリスト

☐ 職場の同僚や上司が最初のハラスメント相談窓口になることが多い
☐ 社内相談窓口の整備だけではなく、全従業員が正しい基礎知識を身につけることが重要
☐ 職場環境が整備されていないと被害者を発見できず、対処もできない

1-5

ハラスメントの影響──組織

 いまは応募者が会社を選ぶ時代！

　最近の雇用状況は圧倒的な売り手市場となっているため、求人を出す際の応募条件を見直していくことはもちろんですが、インターネット上の情報にも気を配る必要が出てきています。

　学生が企業を選ぶときは当然ですが、中途入社を考える人たちも会社のホームページの情報だけではなく、さまざまな情報サイトから企業研究が可能となり、口コミサイトに記録されている情報から組織の風土を把握することも可能です。

　要するに、社内外を問わず、**組織の健全性**が問われていて、健全ではない組織では採用することが難しくなってきているわけです。会社が採用する人を選ぶというよりは、応募者が会社を選ぶ時代だということです。

　このような環境下で、社内のハラスメント問題が明るみに出ることは大きな問題となり、結果として人材確保が困難になったり、優秀な人材が流失してしまうなどの影響も考えられます。インターネット上の情報はなかなか削除ができないため、影響が長期間にわたることもあります。

 被害者でない社員も離職する可能性が…

　ハラスメントの直接的な被害者ではない労働者も、周りで発生したハラスメント事件を見て、このような組織で仕事をすることはできないと判断し、離職したいと考えることも大いにありえます。

　ハラスメントが起きない職場にすることが重要であると同時に、職場で働くすべての人が正しい知識で判断できるように教育してお

◎会社とハラスメントの行為者・被害者の関係◎

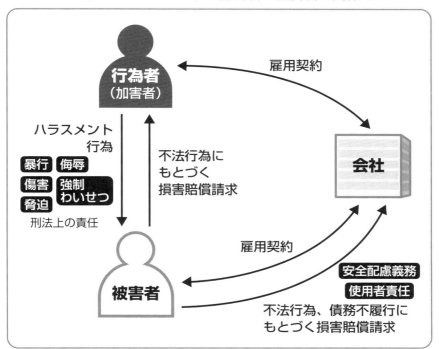

くことも重要で、また社内のあらゆる情報が結果として漏えいされることの影響が大きいことも理解してもらえるように教育することが必要です。

チェックリスト

☐ ハラスメントによる職場環境悪化は、人材の流出や新規採用についても影響がある
☐ 社会的信用を失うと、信用回復するためには時間を要する

ハラスメント ✚ コラム

ハラスメントの誕生から現在

　「ハラスメント」という言葉が世に知られるきっかけになったのは、1989年の新語・流行語大賞で「セクシャルハラスメント」が選ばれたことなのかもしれません。

　その年の8月に、セクハラを理由とした日本初の民事裁判「福岡セクハラ訴訟」が提起されたことがひとつのきっかけになったと考えられます。

　裁判当時はまだセクハラという言葉はない時代でしたが、単なる職場のトラブルのひとつ、というわけではなく、その理由が性差の問題であるということが裁判で示されて、結果的にセクハラ発言などが不法行為だと判断された事件でした。

　その後、男女雇用機会均等法、育児介護休業法、労働施策総合推進法の改正により、それぞれのハラスメント防止措置が義務化される法整備がされ、いまに至ります。

　現在は、厚生労働省がハラスメント対策に関する総合情報サイト「あかるい職場応援団」を準備し、多くの情報を発信するようになり、かなり環境は変わってきているといえます。

　最近は、ハラスメントを決して許さないという強いトップメッセージを公表する企業も多くなり、職場におけるハラスメント防止が安心・安全な職場環境に結びつく1つであることが認識されるようになりました。

　「働く人から選ばれる職場」でなければ、事業の継続が困難となる状況が、職場環境の整備に力を入れることを後押ししているとも考えられます。

セクハラの定義と判断基準

セクハラの定義は正しく理解しておきましょう。

2-1 セクハラとは

 労働者の意に反する性的な言動

　職場のセクシャルハラスメント（セクハラ）とは、「職場」において行なわれる「労働者」の意に反する「性的な言動」により、労働者が労働条件について不利益を受けたり、就業環境を害されることをいいます。

　ここで「**職場**」とは、労働者が通常働いているところはもちろんのこと、出張先や宴会の場なども含めて、実質、職場の延長と考えられる場所も職場に該当します。

　また、「**労働者**」とは、正社員だけに限らず、有期雇用の労働者やパートタイム労働者など契約期間や労働時間に関わらず、事業主が雇用するすべての労働者をさします。派遣労働者については派遣先、派遣元の両方の事業主が雇用する労働者と同じ取扱いをする必要があります。

　そして、「**性的な言動**」とは、性的な内容の発言や行動のことです。

　厚労省では、性的な内容の発言例として、「性的な事実関係を尋ねること」「性的な内容の情報（うわさ）を流すこと」「性的な冗談やからかい」「食事やデートへの執拗な誘い」「個人的な性的な体験談を話すこと」などが示されています。

　また、性的な行動の例としては、「性的な関係を強要すること」「必要なく身体に触れること」「わいせつ図画を配布・掲示すること」などのほか、当然ですが、強制わいせつ行為や強姦などが示されています。

上司から部下、男性から女性とは限らない

　セクハラは上司や同僚だけではなく、取引先、顧客との間においても、行為者にも被害者にもなり得ます。男性から女性に対することだけに限らず、女性から男性に対しても、また同性同士の性的な言動もセクハラに該当します。性的指向、性自認に関わらず性的な言動には注意をはらう必要があります。

　また、固定的な性別役割分担意識にもとづいた言動が結果的にセクハラの原因になることがあることを認識しておかなければなりません。
　「男らしさ」「女らしさ」などの本人の価値観による性別に応じた役割分担があると認識し、無意識にセクハラ行為が発生することがあります。
　性別役割分担意識とは、たとえば「男性は外で働き、女性は家庭を守るべき」「男性は営業向き」「女性は事務仕事をすべき」などといった性別にもとづく役割意識のことをいいます。
　この固定的な性別役割分担の意識については、無意識に言動に出てしまう傾向にあります。日々の職場での発言においては、性別を根拠とする基準で判断しないことを忘れないようにしなければなりません。

 チェックリスト

- ☐ 職場に限らず、その延長線上にある場所での出来事も対象になる
- ☐ 雇用形態を問わず、仕事で関わる人は対象となり得る
- ☐ セクハラは男性から女性に対するものだけではなく、性別に関係なく対象になり得る

2-2 セクハラの種類

 対価型セクハラと環境型セクハラ

セクハラは、以下の2つの種類に分類されます。

①**対価型セクシャルハラスメント**

労働者の意に反する性的な行動に対して拒否や抵抗をしたことにより、解雇、降格、減給、雇止めされたり、昇進・昇格の対象から除外される、客観的にみて不利益な配置転換などの不利益を受けることをいいます。

典型的な例を確認しておきましょう。

- **労働者に対して性的な関係を要求したが拒否されたため、対象労働者を解雇すること**
- **出張中に上司が部下の労働者の腰や胸を触ったが抵抗されたため、不利益な配置転換をすること**
- **日ごろから労働者に対して性的な事柄について公然と発言していたことについて労働者が抗議したため、降格すること**

このように、対価型セクハラは、行為を受けた被害者が拒否や抗議をすることがきっかけで、会社が行なう労働者に対する不利益な対応がハラスメントと考えられるものです。

②**環境型セクシャルハラスメント**

労働者の意に反する性的な言動により労働者の就業環境が不快なものとなり、労働者の能力発揮に重大な悪影響が生じるなど、就業するうえで看過できない程度の支障が生じることをいいます。

典型的な例を確認しておきましょう。

- **社内で上司が労働者の腰や胸などをたびたび触るため、その労働者が苦痛を感じて就業意欲が低下すること**

- 同僚が性的な内容の情報を意図的にかつ継続的に取引先で流布したため、その労働者が苦痛に感じて仕事が手につかなくなること
- 社内にヌードポスターを掲示すること

厚労省ではヌードポスターなどと示されていますが、ポスターなどだけではなく、パソコンの壁紙なども対象となるでしょう。

その他の分類もある

厚労省では、上記①と②の2種類に分類していますが、そのほかに「制裁型」や「妄想型」などをセクハラの種類として分類しているケースもあります。そして、これらの類型を新型セクハラと表現している人もいます。

「**制裁型セクハラ**」とは、異性に対して圧力をかけるハラスメントで、たとえば、女性の上司の指示は無視したり、女性はサポート役をすべきという発言をすることなどです。

この制裁型セクハラの特徴は、直接的に身体を触るなどという行動はないものの、性別を理由とした態度をとること、という点です。

一方、「**妄想型セクハラ**」は、相手が自分に好意をもっていると決めつけて、それにもとづく言動をとるものと考えられます。

勝手な思い込みで"両思い"だと認識して、しつこく連絡をしてくることなどが例としてあげられます。

チェックリスト

- ☐ 労働者の意に反する性的な言動だけがセクハラではなく、拒否や抗議したことをきっかけに不利益な対応をすることも対象となる
- ☐ 実際に性的な言動がなくても、性別を理由として圧力をかけることもセクハラとなる

2-3
セクハラの範囲

 性的指向や性自認への理解を深めよう

　セクハラは、男性から女性に対してだけではなく、女性から男性にも、同性間でも対象となります。

　同性間のセクハラは気づきにくいこともありますが、男性はこうあるべき、女性はこうあるべき、という個人的な価値観を自然と押し付けることで、結果的に性別を根拠とした言動となり、その言動がセクハラになるという現実があるので、十分な配慮が求められます。

　さらに、性的指向や性自認に関わらず性的な言動であれば、セクハラに該当します。

　性的指向（Sexual Orientation）とは、恋愛感情または性的感情の対象となる性別についての指向のことをいいます。

　性自認（Gender Identity）とは、自己の性別についての認識のことをいいます。

　男性に惹かれる人、女性に惹かれる人、どちらにも惹かれる人、どちらにも惹かれない人、などと恋愛対象は人それぞれさまざまです。自分の常識だけで判断することなく、性的指向や性自認への理解を深めて差別的な言動、いやがらせをしないようにしなければなりません。

 性的少数者についても理解する

　人事院のホームページでは、ハラスメント防止についての記載があり、そこでも、性的指向、性自認、そして性的少数者について説明されています。

◎LGBTとは◎

L レズビアン：同性を好きになる女性

G ゲイ：同性を好きになる男性

B バイセクシャル：性別に関わらず、異性を好きになることもあれば同性を好きになることもある人

T トランスジェンダー：出生届の性別と自認する性別が一致していない人

性的少数者とは、性的指向あるいは性自認に関するマイノリティのことをさします。

また同ホームページでは、LGBTの解説もされていますが、性的少数者はLGBTに限られないと示されています。

チェックリスト

☐ セクハラは異性間、同性間だけに限らず性的指向、性自認についても理解すること

☐ 性別を理由とする自らの価値観を押しづける言動が結果的に性的言動となり、ハラスメントになる可能性がある

2-4

セクハラの判断基準

 嫌だと感じた行動のすべてがセクハラになる？

　セクハラの定義において、「労働者の意に反する性的な言動」「就労環境が害される」とされていますが、これはどのように判断すればよいのか、正確に理解しておかなければなりません。

　会社は、労働者からセクハラに関する相談があった場合に、その事実がセクハラなのかどうかを判断する必要があり、またその判断には**一定の客観性が必要**となります。

　一般的には、意に反する身体的接触によって強い精神的苦痛を被る場合は、ハラスメント行為が１回であったとしても、就業環境を害することになり得ると判断されます。

　つぎに、継続性または繰り返しが要件となるものであっても、回数のみを判断材料とはせずに、少ない回数でも明確に抗議しているにもかかわらず放置された状態、または心身に重大な影響を受けていることが明らかな場合には、就業環境が害されていると判断されます。

　ただし、相手が嫌だと感じた行動のすべてがセクハラになるというわけではなく、セクハラ被害を受けた労働者が女性の場合は、平均的な女性労働者の感じ方を基準とし、被害者が男性の場合は、平均的な男性労働者の感じ方を基準として判断されます。

　つまり、相手の気持ち次第で判断されるわけではなく、**平均的な感じ方が基準となる**という考え方です。

 裁判所の判断は…

　セクハラに関する裁判例をみてみましょう。

　管理職２人が１年以上にわたり、女性従業員に対してきわめて露

骨で卑わいな発言、侮辱的ないし下品な言葉を繰り返したという事実に対して、会社が行なった懲戒処分（出勤停止・降格）を不服として争われた事件です。裁判では、会社の懲戒処分は有効だと判断されました（海遊館事件）。

この裁判では、女性従業員に対して強い不快感や嫌悪感、屈辱感を与える言動であり、この不適切な言動により執務環境を著しく害するものであったと判断しています。

さらに、職場でセクハラ防止を重要課題と位置づけ、セクハラ禁止文書の作成・周知、研修参加への義務づけなどの取り組みが行なわれていて、管理職として部下に指導すべき立場だったにもかかわらずセクハラ行為が繰り返されていたことは、職責や立場に照らしても、著しく不適切と判断されています。

管理職が反復継続的に行なったセクハラ行為は、企業秩序や職場規律に有害な影響を与えるとも示されています。

もちろん内容にもよりますが、セクハラ行為が**反復継続的に行なわれていた**という点も重要なポイントです。

チェックリスト

- □ 相手が少しでも嫌だと感じた場合のすべてがセクハラになるというわけではない
- □ セクハラかどうかは、あくまでも「平均的な労働者の感じ方」で判断する
- □ 1回の行為でもセクハラ行為となることもあるが、反復継続されることでセクハラ行為と判断されるケースもある

2-5 精神障害の認定基準における セクハラの出来事の評価

 労災として認定される基準とは

　近年、業務による心理的負荷が原因で精神障害が発症することが増加し、精神障害の労災申請も増えています。精神障害が労災認定されるのは、その発症が仕事による強いストレスによるものと判断できる場合に限られますが、その認定基準について厚労省は「精神障害の労災認定」としてまとめて公表しています。

　ここで示されている認定基準のなかには、セクハラが「業務による強い心理的負荷が認められる」元となる具体的な出来事の1つの類型として示されています。つまり、**セクハラを受けたという出来事によって精神障害を発症**したときに、労災認定される可能性がある、ということです。

　労災認定される基準として、心理的負荷の総合評価の視点については、次の3つが示されています。
- セクハラの内容、程度等
- セクハラの継続する状況
- 会社の対応の有無および内容、改善の状況、職場の人間関係等

　セクハラを受けた場合、平均的な心理的負荷の強度は「Ⅰ～Ⅲ」のうち「Ⅱ」と示されていますが、個別の事案ごとに強度は判断されることになります。

　精神障害の労災認定は、まず精神障害の発症が**業務による心理的負荷が要因なのか**、という点を確認されます。業務以外や個体側の要因などもあるためです。つぎに、発症前おおむね6か月の間に**業務による強い心理的負荷が認められるのか**、という点を確認することになります。その精神障害が**認定基準の対象となるもの**かどうかも確認されます。精神障害であっても、認知症や頭部外傷による障

害やアルコール等による障害などは除かれます。そのうえで、**業務による強い心理的負荷が認められるか**が判断されますが、特別な出来事に該当する出来事があれば、評価は「強」となります。セクハラでいうと、強姦や本人の意思を抑圧して行なわれたわいせつ行為などです。

　特別な出来事がない場合でも、具体的な出来事を厚労省が示している「別表1：業務による心理的負荷評価表」に当てはめて、「強」と判断され、業務以外の心理的負荷によると認められなければ、労災と認められるという流れになります。また、その他長時間労働がある場合の評価方法も別途示されています。

　ちなみに、この「別表1」では、具体例が強度別にあげられており、たとえば心理的負荷の強度「中」の例は以下のとおりです。

- 胸や腰等への身体接触を含むセクハラであっても、行為が継続しておらず、会社が適切かつ迅速に対応し、発症前に解決した
- 身体接触のない性的発言のみのセクハラであって、発言が継続していない、または複数回行なわれたものの、会社が適切かつ迅速に対応し発症前にそれが終了した

　なお、「中」の出来事が複数あった場合には、総合的に「強」と判断されるケースもあります。

チェックリスト

- ☐ セクハラにより精神障害を発症し、労災認定される可能性がある
- ☐ セクハラの内容、程度、継続状況、会社の対応などの視点で判断される

2-6 これはセクハラになるの？

 ### "頭ぽんぽん"はセクハラ？

具体的にどこまでがセクハラになるのか、考えてみたいと思います。

そもそもハラスメントは、相手を不快にさせる言動なわけですから、性的な言動により相手が不快になるような言動はセクハラになる可能性があります。

「身体的な接触」などはわかりやすいので、原則ＮＧだと考えておくほうがよいでしょう。特に、勝手な思い込みで**相手が嫌な思いをしないと勘違いしている**ことがあるので注意しなければなりません。

一例ではありますが、「女性は頭をぽんぽんとされるのが好きだ」「以前、女性に頭をぽんぽんとしたら嬉しそうだった」などと勝手な勘違いをしてしまっている男性です。

好きでもない相手からされる"頭ぽんぽん"は、嫌がられます。気軽にそのような行為をされることは、軽視されているように感じることも大いにあります。

 ### 性別の価値判断から発する言葉はＮＧ

また、身体的な接触以外で気をつけたい言動は、「女性だから」「男性だから」という価値判断から出てくる内容です。

たとえば、接待や社内の飲み会で、「女性からお酌をされると喜ばれる、嬉しい」などという考え方から発せられる言葉です。これは昭和の時代の価値観ですが、このような考え方は、男性目線であり性差別的な考え方です。

また、「男のくせに」という言葉がついてしまう発言も偏った価値判断から発せられる言動ですので、セクハラやパワハラととらえられる可能性が出てきます。

 「髪を切ったね」はセクハラ？

　何でもセクハラになってしまうのであれば、むやみに同僚や部下の体調を心配したり、服装や髪型が変わったことなどについても一切話ができないのかということを考えてしまいます。

　しかし、シンプルに体調のことだけを聞けばよく、体調が悪そうだけど昨日は何していたのか、眠れたのか、などと必要以上のことまで聞く必要はありません。

　「髪を切ったね」という発言は、気づいてもらって嬉しいと感じる人もいますが、気持ち悪いと思われてしまう可能性もあります。
　不必要なことも言ってしまうことが、相手を不快にさせる原因です。
　ハラスメント的な発言は、相手を大切に思う気持ちがあれば言わないものです。

 チェックリスト

☐ 性別を理由に判断してしまうことがセクハラの原因になる可能性がある
☐ 自分の思い込みには要注意。相手の気持ちを考えた言動を！

ハラスメント＋コラム

セカンドハラスメントとは

　ハラスメントの行為者は同じ社内の人とは限らず、たとえば取引先の人からセクハラを受けるケースもあります。

　このような相談を受けた場合、どのような対応が必要になるのでしょうか。

　このケースでは、まずは直属の上司に相談することが多いかもしれません。

　相談を受けた上司は、「そんなことはたいしたことではない」とか「私も以前、そのようなことがあったけれど聞き流さないとダメよ」などと勝手に判断してはいけません。

　事実確認もせずに、我慢するように指示するなどの行為は「セカンドハラスメント」といわれています。つまり、相談したことで起きるハラスメントで、二次被害ともいえることです。

　そもそも上司は、従業員を守らなければならないということを理解しておくことが必要です。

　相談窓口で受け付けるときと同様に、事実確認をしたうえで、行為者が再度同じような行動をしないように、速やかに担当業務を変更するなどの対策が考えられます。

　さらに、事実を確認したうえで取引先にもしかるべき手段で申し入れをすることになります。

　特に、営業や接待の場で取引先が相手の場合は立場上、受け身になり被害者になることがあるので、周りにも気を配り対処します。

　身近な上司に安心して相談できる環境とするためにも、管理職への教育は徹底することが大切です。

パワハラの定義と判断基準

会社の責任についても知っておきましょう。

3-1 パワハラとは

 3つの要件をすべて満たす場合に認定される

　職場のパワーハラスメント（パワハラ）とは、「職場」において行なわれる、①優越的な関係を背景とした言動であって、②業務上必要かつ相当な範囲を超えたものにより、③「労働者」の就業環境が害されるものであり、この①から③までの**3つの要素をすべて満たすもの**をいいます。

　ここで「**職場**」とは、労働者が通常働いているところはもちろんのこと、出張先や宴会の場なども含めて、実質、職場の延長と考えられる場所も職場に該当します。

　また「**労働者**」とは、正社員だけに限らず、有期雇用の労働者やパートタイム労働者など契約期間や労働時間に関わらず、事業主が雇用するすべての労働者をさします。派遣労働者については、派遣先、派遣元の両方の事業主が雇用する労働者と同じ取扱いをする必要があります。

　そして、上記要件の言葉の意味は以下のとおりです。

①「優越的な関係を背景とした」とは

　業務を遂行するにあたって、言動を受ける労働者が行為者に対して、抵抗や拒絶することができない蓋然性の高い関係を背景として行なわれるものをさします。

②「業務上必要かつ相当な範囲を超えた言動」とは

　社会通念に照らして、言動が明らかに業務上の必要性がない、または相当ではないものをさします。

　この判断にあたっては、さまざまな要素（言動の目的、言動を受

けた労働者の問題行動の有無や内容・程度を含む言動が行なわれた経緯や状況、業種・業態、業務内容・性質、言動の態様・頻度・継続性、労働者の属性や心身の状況、行為者の関係性等）を総合的に配慮することが適当です。

③「就業環境が害される」とは

言動により、労働者が身体的または精神的に苦痛を与えられ、就業環境が不快なものとなったために、能力の発揮に重大な悪影響が生じる等の労働者が就業するうえで看過できない程度の支障が生じることをさします。

この判断にあたっては、「平均的な労働者の感じ方」すなわち「同様の状況で社会一般の労働者が就業するうえで看過できない程度の支障が生じたと感じるような言動であるかどうか」を基準とすることが適当です。

言動の頻度や継続性は考慮されますが、強い身体的または精神的苦痛を与える態様の言動の場合は、1回でも就業環境を害すると判断される場合があります。

チェックリスト

☐ パワハラは上司から部下だけではなく、同僚間や部下から上司に対してでも抵抗・拒絶が困難であるものであれば対象となり得る

☐ 相手が嫌だと感じたらすべてが対象となるわけではなく、平均的な労働者の感じ方を基準とする

3-2 パワハラの種類

厚生労働省が示す6つの類型

パワハラにはいろいろな種類がありますが、厚労省では代表的な言動として以下の6つの類型にまとめて示しています。

①身体的な攻撃

殴る、蹴る、叩くなどの暴行や傷害などは、身体的な攻撃となります。

②精神的な攻撃

脅迫や名誉毀損、侮辱やひどい暴言などは精神的な攻撃となります。

具体的には、精神的な攻撃には、人格を否定するような言動を行なうことや、長時間にわたって業務に関する厳しい叱責を繰り返し行なうことなどがあります。

③人間関係からの切り離し

隔離や仲間外し、無視などが人間関係からの切り離しです。たとえば、1人だけ別室に席を移すことなども、人間関係からの切り離しとされます。

④過大な要求

業務上明らかに不要なことや遂行不可能なことの強制、仕事の妨害行為などは過大な要求にあたります。

⑤過少な要求

　業務上の合理性がなく能力や経験とかけ離れた程度の低い仕事を命ずることや、仕事を与えないことなどは、過少な要求にあたります。

⑥個の侵害

　職場以外でも継続的に監視をしたり、私物の写真撮影をすること、交際相手について執拗に質問したりすることなどが、個を侵害する行為とされます。

　これらの6類型の具体的な行動や言動については、次項で詳しく解説します。

チェックリスト

☐ パワハラは6つの類型に区分されているが、これらは限定列挙ではなく個別の事案ごとに判断が異なることもある

☐ 優越的な関係を背景として行なわれたものがパワハラになり得る

☐ パワハラは業務命令の延長線上に発生することがあるため注意が必要

3-3
パワハラの範囲

 どんな言動が6つの類型に該当するのか

前項で示したパワハラの6類型ごとに、該当する例と該当しない例を厚生労働省が下表のように公表しています。

代表的な言動の類型	該当すると考えられる例	該当しないと考えられる例
①身体的な攻撃	●殴打、足蹴りを行なう ●相手に物を投げる	●誤ってぶつかる
②精神的な攻撃	●人格を否定するような言動を行なう ●必要以上に長時間にわたる厳しい叱責を繰り返し行なう ●他の労働者の面前で大声での威圧的な叱責を繰り返し行なう ●相手の能力を否定し罵倒するような内容をメール等で複数の労働者を含めて送信する	●遅刻など社会的ルールを欠いた言動が見られ、再三注意をしても改善が見られない労働者に対して一定程度強く注意する ●重大な問題行動を行なった労働者に対して、一定程度強く注意する
③人間関係からの切り離し	●自身の意に沿わない労働者に対して、仕事を外し長期間にわたり別室に隔離したり自宅研修させたりする ●1人の労働者に対して、同僚が集団で無視をし、職場で孤立させる	●新規採用労働者を育成するために短期間集中的に別室で研修の教育を実施する ●懲戒処分を受けた労働者に対して一時的に別室で必要な研修を受けさせる

④ 過大な 要求	● 長時間にわたる肉体的苦痛を伴い過酷な環境下で直接関係のない作業を命ずる ● 新卒採用者に必要な教育をせず、到達できない高いレベルの業績目標を課し、できないことを厳しく叱責する	● 労働者を育成するために現状よりも少し高いレベルの業務を任せる ● 業務上の必要性から通常時よりも一定程度多い業務の処理を任せる
⑤ 過少な 要求	● 労働者を退職させるために誰でも遂行可能な業務を行なわせる ● 嫌がらせのために仕事を与えない	● 労働者の能力に応じて一定程度、業務内容や量を軽減する
⑥ 個の侵害	● 職場外でも継続的に監視したり、了解なく機微な個人情報を暴露する	● 労働者への配慮を目的に家族の状況をヒアリングする

　パワハラといわれてしまうのではないかと思い、注意指導が難しいと考えることがありますが、会社には労働者に対して指揮命令権がありますので、業務命令は必要です。また、労働契約における労働者の義務が履行されないことに対しては、当然に注意や改善を求めることができるということは理解しておきましょう。

チェックリスト

☐ 業務上必要な範囲を超えた指導になっていないか
☐ 人格を否定するような言動をしていないか
☐ 業務遂行を目的とせず、いじめや嫌がらせをすることを目的とした言動になっていないか

3-4 パワハラの判断基準

 加害者は懲戒処分を受け、損害賠償責任も負う

　パワハラ行為は、法的に「不法行為」にあたるので、加害者は被害者に対して慰謝料などの損害賠償責任を負うことになります。これは民法709条の定めによります。

> 【民法709条】故意又は過失によって他人の権利又は法律上保護される利益を侵害した者は、これによって生じた損害を賠償する責任を負う。

　もちろん、社内の懲戒規定に違反することになるため、懲戒処分も受けることになり、さらには刑事事件となる可能性もあります。

　では、どのような言動が不法行為になるのかというと、1つのキーワードとしては「**人格否定**」があげられます。つまり、人格の否定、人格への攻撃は、パワハラだと判断されるということです。

 パワハラと認定された具体的な事例

　パワハラと注意・指導との境界線がどこにあるのか、具体例で少し確認してみましょう。

　「ぶっ殺すぞ、お前！」などと部下の留守番電話に録音した事件（ザ・ウィンザー・ホテルズインターナショナル事件）、部下に対して「新入社員以下」「何でわからない、お前は馬鹿」などと発言した事件（サントリーホールディングス事件）では、許容される範囲を超え、不法行為にあたると判断されています。

　一方、不正経理を行なっていた部下に「不正経理を解消できるの

か。できるわけがなかろうが」などと叱責した事件（前田道路事件）や、部下のミスに対して「前も注意したでえな。確認せんかったん。どこを見たん」などと叱責した事件（ゆうちょ銀行事件）では、人格否定とはいえないので、不法行為には当たらないと判断されています。

これらの判例による事例をみると、人格を否定しているとまではいえないことのほかに、ハラスメントの判断基準における「業務上必要かつ相当な範囲を超えたもの」かどうかも判断されているといえます。

業務遂行上必要なことであれば、注意や指導はできます。その注意・指導において、人格を否定するようなことは言ってはいけない、ということです。

また、相手がパワハラだと感じたら、すべてがパワハラになるわけではありません。

あくまでも平均的な労働者の感じ方が出発点であり、一般的にそういわれたときにどう感じるか、というところが判断基準となります。

しかし、行為者との関係性や受け手の個別の事情も考慮して判断されます。

チェックリスト

☐ パワハラ行為は法的には「不法行為」なので、損害賠償責任を負う可能性がある
☐ 人格を否定するような表現は禁物
☐ 業務上必要な範囲の注意や指示で人格否定とならなければ、パワハラにはならない

3-5 職場におけるパワハラは会社の責任

 安全配慮義務違反や職場環境配慮義務違反に問われる

　事業主には、職場でハラスメント行為が起きないように、雇用管理上の防止措置を講じる義務があるので、ハラスメントが起きた場合には、職場環境に配慮できていなかったと判断され、安全配慮義務違反や職場環境配慮義務違反という責任を問われる可能性があります。

　つまりは、**債務不履行**（民法415条）となるわけです。

　また、これは信義則も根拠となりますが、この信義則は、民法1条2項にも、労働契約法3条4項にも規定があります。

> 【民法1条2項】権利の行使及び義務の履行は信義に従い誠実に行わなければならない。
> 【労働契約法3条4項】労働者及び使用者は、労働契約を遵守するとともに、信義に従い誠実に、権利を行使し、及び義務を履行しなければならない。

 使用者責任を問われる

　また、加害者を雇用しているのは事業主なので、使用者責任（民法715条）も問われる可能性が考えられます。

> 【民法715条】ある事業のために他人を使用する者は被用者がその事業の執行について第三者に加えた損害を賠償する責任を負う。

損害賠償責任を負う

パワハラは、加害者と被害者の当事者同士の個人的な問題では片づけられず、会社の責任を問われることになります。直接、損害賠償責任を問われるだけではなく、報道などにより情報が知れわたることによるイメージ低下も大きな損失につながります。

また、会社役員がハラスメント対応を怠ったことの責任は、会社法を根拠に、役員個人にも損害賠償する責任が生じます。

> 【会社法429条1項】役員等がその職務を行うについて悪意又は重大な過失があったときは当該役員等は、これによって第三者に生じた損害を賠償する責任を負う。

会社には、パワハラ防止措置を講じる義務があるので、企業に課されている責任の範囲は、防止措置についても存在します。

また、パワハラが原因で精神疾患を発症し、業務上災害だとして労災申請があり、労働災害だと認定された場合には、労災保険の給付でカバーされない部分について、被害者は会社に損害賠償請求することが可能となります。

 チェックリスト

- ☐ 会社は債務不履行、使用者責任を問われる可能性がある
- ☐ 会社役員がパワハラ対応を行なわないことで、役員個人に対しても損害賠償責任を問われる可能性がある
- ☐ パワハラが原因で業務上災害があったと認定されると、労災保険の給付以上の損害賠償請求をされる可能性がある

3-6 精神障害の認定基準における パワハラの出来事の評価

 厚労省が公表している「精神障害の労災認定」

　精神障害が労災認定されるのは、その発症が**仕事による強いストレスによるもの**と判断できる場合に限られますが、その認定基準について、厚労省が「精神障害の労災認定」としてまとめて公表しています。

　ここで示されている認定基準のなかには、パワハラなどの具体的な出来事の心理的負荷の強度を「弱」「中」「強」と判断する具体例が示されています。

　これらの具体例のなかで、パワハラにあたるような内容で強度が「弱」のもの、つまりはパワハラに非該当となる事例となるであろうものを、以下に整理してみました。

　多少抽象的な内容ですが、ハラスメントかどうかを判断する際の参考情報にはなるでしょう。

- 軽微な仕事上のミスをしたが、通常想定される指導等を受けたほか、特段の事後対応は生じなかった。

- 不正行為等の疑いのため事実確認する間、自宅待機等が命じられたが、他の例と比べても均衡を失するものではなく、会社の手続きに瑕疵はなかった。

- 同種の経験を有する労働者であれば達成可能なノルマを課せられた。

- ノルマではない業績目標を示された（当該目標が達成を強く求め

られるものではなかった)。

● ノルマを達成できなかったが、何ら事後対応は必要なく、会社から責任を問われること等もなかった。

● 業績目標は達成できなかったものの、当該目標の達成は強く求められていたものではなかった。

● 退職勧奨が行なわれたが、退職強要とはいえず、断わることによって終了し、職場の人間関係への悪影響もなかった。

● 業務状況や労働条件に関する面談のなかで、上司等から退職に関する発言があったが、客観的に退職勧奨がなされたとはいえないものであった。

● 早期退職制度の対象となり、年齢などの要件に合致して早期退職者の募集とこれに係る個人面談が複数回なされたが、当該制度の利用が強いられたものではなかった。

● 上司から業務指導の範囲内である指導・叱責を受けた。

● 業務をめぐる方針などにおいて、上司・同僚・部下との考え方に相違が生じた。

チェックリスト

☐ パワハラは業務命令や通常想定される範囲の指導とは異なる

☐ すべての叱責がパワハラになるわけではない

☐ 退職勧奨はすべてがパワハラになるわけではない

3-7

パワハラと認定され損害賠償請求が認められた裁判例

「会社を辞めるべき」とメールした事件

　上司が部下に対して送った電子メールの表現は、許容限度を超え、著しく相当性を欠くものであり、不法行為に当たると判断し、賠償金額5万円が相当と判断された事案があります。

　この事案は、上司が部下に対して「意欲がない、やる気がないなら、会社を辞めるべきだと思います」などと記載した電子メールを職場の同僚に送信したことが不法行為にあたるとして損害賠償を求めて訴えを提起したものです。

　判決のポイントとして示されているのは、上司が課長代理であった対象労働者に対してその地位に見合った処理件数に達成するように叱咤督促する趣旨があるメールだったとは認めています。

　しかし、「会社を辞めるべき」「当サービスセンター（部門名）にとっても、会社にとっても損失そのものです」と退職勧告と取られてもしかたのない記載などがあり、名誉感情をいたずらに毀損するもので、その表現が**許容限度を超えている**、**著しく相当性を欠く**として不法行為だと判断されています（Ａ保険会社上司（損害賠償）事件／東京高裁・平17.2.20／労判914号82頁）。

　この事案では、一審では業務指導の一環として行なわれたものであり、嫌がらせとはいえず人格を傷つけるものではないと判断されましたが、二審では損害賠償請求が認められています。

　パワーハラスメントの意図がない言動であったとしても、部下に対して注意指導する際の表現方法には注意するとともに、メールの送信先にも配慮が必要です。本人だけではなく周りの人にも知らしめる必要はないので、指導するために必要な範囲を個別に判断していくことが求められます。

パワハラを理由として損害賠償が請求された事件

次に、上司からパワハラを受けたことが原因で精神疾患を発症したと主張し、休職後に自然退職となった労働者から、パワハラは不法行為であると損害賠償請求がされ、さらに地位確認についても争われた事案です。

この事案では、飲酒強要、運転強要、携帯電話への留守電などが不法行為だと認められ、それに対する慰謝料の支払いが明示されています。業務終了後の反省会で「酒は飲めない」と本人が断わったのに「俺の酒は飲めないのか」などと執拗に強要したことや、体調不良を訴えたにも関わらず「もう少しで着くから大丈夫だ」と運転を強要したこと、深夜に携帯電話に怒りを露わにした留守電を残したことなどが不法行為と判断されています。

飲み会の席での事象でも、業務に関連していることで会社の使用者責任が認められています。この事案では、休職期間満了による自然退職については有効と判断されていることもあり、またパワハラと精神疾患に因果関係があるとは認められていません。

事案によって異なりますが、**労働者の肉体・精神に危険を及ぼしかねない行為は、不法行為と認定される可能性が高くなりますので**注意しなければなりません（ザ・ウィンザーホテルズインターナショナル（自然退職）事件／東京高裁・平25.2.27）。

 ### チェックリスト

- ☐ 現場の上司の発言が不法行為と判断されると使用者責任も問われる可能性がある
- ☐ 業務命令における発言ではその言葉選びに注意する。その表現を使う必要があるのか、考えてみてから発言し、感情的にはならない。

3-8
パワハラの該当性が否認された裁判例

 過剰労働でうつ病になり自殺した銀行員の事件

　パワハラの該当性が認められなかった事案の例についても確認しておきましょう。

　過剰な業務などの結果、うつ病になり自殺したとして、対象労働者の親が息子の勤務先の銀行に対して、債務不履行（安全配慮義務違反）にもとづき損害賠償請求をした事案です。

　当該労働者は、販売目標を達成するべく熱心に仕事に取り組んでいたものの思うように実績を上げることができず、厳しく注意されたことで精神的負担を感じて軽症うつ病エピソードに罹患していたことも1つの原因となって自殺したとは判断されました。

　しかし、銀行に過失があったのか、債務不履行になるのか、という点については、自殺につながるような精神的負担を感じていたことを事前に認識していた事実や自殺を予見できた具体的状況があったことを認めることはできないと判断されています（北海道銀行（自殺）事件／札幌高裁・平19.10.30）。

　上司が厳しく注意をしていたとしても、労働者の自殺の予見可能性がなければ自殺の損害賠償は問われなかったという事例です。

　このケースでは、対象労働者の異常な言動や業務変更の申し出もなく、自殺という不測の事態が生じうる具体的な危険性まで認識しうる状況ではなかったとされています。

　上司から業務に関する確認を受けたのち、突然飛び出してその後行方不明となり、3日後に自殺に至ったという事実から、銀行で自殺を防止するための措置をとることができたとはいえないと判断されています。この**予見可能性の有無**という点が、重要な判断ポイントとなります。

退職勧奨は不当であると慰謝料を請求された事件

　もう1つ、パワハラが認められなかった事案を紹介します。

　会社の従業員や役員から人格を否定する言動、不当な差別的取扱い、退職勧奨、復職拒否を受けて精神的損害を被らせたとして、不法行為責任に対して慰謝料を請求した事案です。

　しかし、対象労働者の勤務態度等に照らせば、相当な指導の範囲を逸脱した行為があったとは認められませんでした（雄松堂書店事件／東京地裁・平25.9.26）。

　上司に営業活動の報告をせず、上司の確認を得ずに退勤し、社会人としてのマナーを守らないことなどの態度に改善すべき点があったことで、会社は業務態度改善命令を発出しています。この点については、指導として相当であると判断されています。

　その他、勤務態度の問題について本人との話し合いでは改善されなかったため、身元保証人へ文書を送付し、身元保証人からも指導するように求めたが、この点も違法性は否定されています。

　このように、状況によりその必要性が認められる行為は、ハラスメントにはならないと判断されることもあります。

チェックリスト

☐ 勤務態度に問題がある場合は、事実に即した指導を行なうことが大切
☐ 退職勧奨自体は違法ではないが、本人が拒否した場合は過剰には行なわない
☐ 退職勧奨はあくまでも労働者自身に決定権があるという前提で行なう

ハラスメント＋コラム

業務上の指示とハラスメント

　筆者は2018年から東京労働局のあっせん委員を拝命しており、いままで100件程度のあっせんを経験していますが、現場の実感としても、労働者の申立てに「ハラスメントを受けた」という内容が含まれていることが大変に多いと感じています。

　多いというよりも、すべての案件にハラスメントが含まれているといっても過言ではないレベルです。

　しかし、その申立て内容のなかには、明らかにハラスメントではない内容が含まれていることがあります。

　あっせんは、事実確認・事実認定をして判断する場ではなく、労働者の主張を聞くところまでなので、詳細は不明ですが、「業務命令」の範囲と考えられる内容を、ハラスメントだと主張するケースも含まれています。

　「報告することを指示された」「事前確認を指示された」「仕事の手順を指示された」などの業務遂行上必要な指示自体が、ハラスメントだと主張されることも意外と多いのです。

　もちろん、上司の指示のしかた、伝え方の問題もあるので、すべてがハラスメントではないとは言い切れません。しかし、業務上必要な指摘や指導自体がすべてハラスメントになるわけでもありません。

　指導する側もハラスメントになるのではないかと心配することなく、「事実」にもとづいた指導をするように気をつけてコミュニケーションを取ることができればと思います。

　思い込みや個人的な感情が結果的に人格否定になるような表現に発展することもあるので、その点は注意が必要です。

4章

マタハラ・イクハラ・カスハラの定義と判断基準

セクハラ、パワハラ以外のハラスメントもいろいろあります。

4-1 マタハラ・イクハラとは

 ### 妊娠・出産・育児休業等に関するハラスメント

　マタニティハラスメント（マタハラ）と育児ハラスメント（イクハラ）とは、職場の妊娠・出産・育児休業等に関するハラスメントのことです。

　具体的には、「職場」において行なわれる上司・同僚からの言動（妊娠したこと、出産したこと、育児休業・介護休業等の利用に関する言動）により、妊娠・出産した「女性労働者」や育児休業・介護休業等を申し出・取得した「男女労働者」の就業環境が害されることをいいます。

　ここで「**職場**」とは、労働者が通常働いているところはもちろんのこと、出張先や宴会の場なども含めて、実質、職場の延長と考えられる場所も職場に該当します。

　また、「**労働者**」とは、正社員だけに限らず、有期雇用の労働者やパートタイム労働者など契約期間や労働時間に関わらず、事業主が雇用するすべての労働者をさします。派遣労働者については派遣先、派遣元の両方の事業主が雇用する労働者と同じ取扱いをする必要があります。

 ### 不利益な取扱いを行なっていないか

　妊娠・出産したこと、育児や介護のための制度を利用したこと等を理由として、事業主が行なう解雇、減給、降格、不利益な配置転換、契約更新をしない（雇止め）などの行為は、ハラスメントではなく、「不利益な取扱い」となります。

　たとえば、妊娠したことを伝えたら雇止めをされた、育児休業を取得したら降格になった、などは不利益な取扱いとなり、**男女雇用**

機会均等法や育児介護休業法違反となります。しかし、業務上必要な言動であれば、ハラスメントにはなりません。

　制度利用期間の変更などについても、業務上の必要性があり、強要していなければ、ハラスメントにはあたりません。

　また、客観的にみて体調が悪い妊娠している労働者に対して、業務量を軽減したり、業務内容の変更を打診することは、業務上の必要性にもとづく言動となるため、ハラスメントにはなりません。

　出産・妊娠・育児・介護などに関する制度の利用については、人によって時期も利用期間も制度利用の必要性も異なります。

　まずは、どのような制度があるのか、その制度の内容を正しく理解しておくことが必要です。

　また、それぞれ個人のライフスタイルなどにより価値観も異なります。自分の経験から「○○するべき」と考えてしまいがちですが、自分の価値観で判断した言動がハラスメントの原因になる可能性がありますので、注意しなければなりません。

チェックリスト

- [ ] 妊娠・出産・育児・介護などの制度利用による不利益な取扱いは法的に禁止されている
- [ ] 妊娠・出産・育児・介護などの制度を利用する人、利用した人に対する嫌がらせはマタハラ・イクハラとなる

4-2 どのような言動がマタハラ・イクハラになるのか

 「業務上の必要性」をどのように判断するのか

　マタハラ・イクハラは、妊娠・出産や育児休業・介護休業の申出・取得をした人の就業環境が害されることですが、業務分担や安全配慮などの観点から、客観的にみて業務上の必要性にもとづく言動であればハラスメントにはなりません。

　では、業務上の必要性はどのように判断すればいいのでしょうか。

　部下が休業すると、上司はその部下が担当していた業務を調整する必要が出てきます。

　たとえば、妊娠中に医師から休業指示が出たような場合は、労働者の体調を考慮して休ませなければなりません。代わりの担当者がいないから、などの理由で休むことを妨げるような言動はハラスメントに該当します。

　しかし、労働者の意向を確認する行為自体は業務上必要な行為なので、ハラスメントにはなりません。ただし、労働者の意を汲まない一方的な通告は、ハラスメントとなるので注意しなければなりません。

 こんな言動はハラスメントに該当する

　具体的にハラスメントになる例としては、「妊婦はいつ休むかわからないから仕事は任せられない」「妊娠するなら仕事の忙しい時期を避けるべきだった」などと繰り返し発言し、仕事をさせない状況になっている場合などが考えられます。

　言葉だけではなく、**必要な仕事上の情報を与えないこと**や、**いままで参加していた会議に参加させない**などの行為もハラスメントに

なります。

　実際に制度を利用するという申請があった場合には、その休業などの制度利用期間はいつからいつまでなのか、業務の状況を考えて希望の日程以外にも調整が可能なのかどうかを確認することなどはハラスメントにはあたりません。強要とならない範囲で確認・調整をすることにも問題はありません。

　また、本人が体調不良を訴えてきたり、体調不良ではないものの負担が大きい仕事をしていないか気を配って配慮すること、確認することは問題ありません。

　妊娠・出産については女性労働者だけが対象になりますが、育児休業等は男性労働者も女性同様に取得が可能な制度なので、**男性に対するイクハラ**も起きえます。たとえば、男性労働者に対して「男のくせに育児休業を取るのか」などの発言です。

　この発言も個人の価値観の押し付けが原因です。最近は、一定以上の規模の会社に、男性の育児休業取得率の公表が義務化されたので、男性にも積極的に育休取得を促す会社も増えました。

　その結果、このような制度利用を阻むような発言はハラスメントになるということを理解している人が増えているとは思いますが、社内で制度に関する知識を習得できるしくみ（研修など）があることが望ましいでしょう。

チェックリスト

- □ 妊娠・出産・育児休業の制度を利用する労働者に対しては本人に配慮した対応が必要
- □ 業務上必要な確認や相談はできる
- □ 制度利用の範囲、内容を正しく理解する

4-3 妊娠・出産・育休などを理由とする不利益変更取扱いの禁止

 不利益な取扱い禁止の事由は省令に規定されている

　男女雇用機会均等法9条3項では、女性労働者の妊娠・出産等厚生労働省令で定める事由を理由とする解雇その他の不利益な取扱いは禁止されています。

　ここでいう厚生労働省令で定める事由とは、以下の内容をさします。

厚生労働省令で定める事由

①妊娠したこと
②出産したこと
③産前休業を申請し、もしくは産前休業をしたこと、または産後の就業制限の規定により就業できず、もしくは産後休業をしたこと
④妊娠中および出産後の健康管理に関する措置（母性健康管理措置）を求め、または当該措置を受けたこと
⑤軽易な業務への転換を請求し、または軽易な業務に転換したこと
⑥妊娠または出産に起因する症状により労務の提供ができないこと、もしくはできなかったこと、または労働能率が低下したこと
　（※）「妊娠または出産に起因する症状」とは、つわり、妊娠悪阻（にんしんおそ）、切迫流産、出産後の回復不全等、妊娠または出産したことに起因して妊産婦に生じる症状をいいます。
⑦事業場において変形労働時間制がとられる場合において、1週間または1日について法定労働時間を超える時間について

労働しないことを請求したこと、時間外もしくは休日について労働しないことを請求したこと、深夜業をしないことを請求したこと、またはこれらの労働をしなかったこと
⑧育児時間の請求をし、または育児時間を取得したこと
⑨坑内業務の就業制限もしくは危険有害業務の就業制限の規定により業務に就くことができないこと、坑内業務に従事しない旨の申し出もしくは就業制限の業務に従事しない旨の申し出をしたこと、またはこれらの業務に従事しなかったこと

　上記の内容を事由として、解雇したり雇止めをしたり、労働条件の変更、降格などの不利益な取扱いをすることは禁止されています。
　これは、正社員だけではなく、パートタイム労働者や派遣労働者などについても適用されます。
　なお、具体的な不利益取扱いの事例については、厚労省の指針で示されています。

チェックリスト

☐ 産休や育児時間などのほか、法定労働時間を超えて働くことを拒否できるなど、制度の内容を理解する
☐ 産休や育休は労働者に取得する権利があることを正しく認識する

4-4 妊娠・出産・育児休業等の申し出等を「理由として」いるかどうかの判断

 申し出事由と不利益取扱いに因果関係はあるか

男女雇用機会均等法および育児介護休業法の不利益取扱いの判断要素となっている妊娠・出産・育児休業等の申し出等を「理由として」とは、その事由と不利益取扱いとの間に「因果関係」があることをさします。

妊娠・出産・育児休業等の事由を契機として不利益取扱いを行なった場合は、原則として「理由としている」と判断（因果関係がある）されて、法違反となります。

法違反となるかどうかの判断については、右ページのフローチャート図を参考にしてください。

 チェックリスト

☐ 妊娠・出産・育児休業などの制度を利用をしている労働者に対する措置は、妊娠・出産・育休などが理由だと認識されやすいため、注意が必要

☐ 右ページ図の例外①、②に示されているとおり、業務上の必要性があるかどうか、本人が同意しているかどうか、一般的にみて同意するような合理的な理由があるか、という点をクリアする内容でなければならない

◎妊娠・出産等を理由とした不利益取扱いは法違反となるか◎

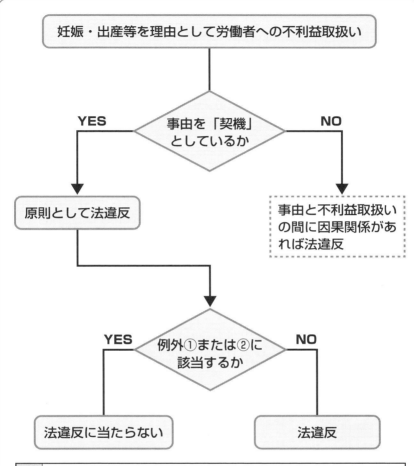

4-5 マタハラ・イクハラの種類

　職場における妊娠・出産・育児休業等に関するハラスメントには、「制度等の利用への嫌がらせ型」と「状態への嫌がらせ型」の2種類があります。

 制度等の利用への嫌がらせ型

　対象となる制度・措置は、男女雇用機会均等法にもとづく産休、妊産婦に関する措置（母性健康管理措置）、育児時間、軽易な業務への転換、変形労働時間制での法定労働時間を超える労働時間の制限、時間外労働および休日労働、深夜労働の制限、坑内業務の就業制限および危険有害業務の就業制限があげられます。

　また、育児介護休業法にもとづく育児休業、介護休業、子の看護休暇、介護休暇、所定外・時間外労働・深夜労働の制限、時短、始業時刻の変更措置なども対象です。

　これらの制度や措置を利用したいと上司などに相談したり、実際に利用の請求をしたことにより、不利益な取扱いを示唆することなどは、この「制度等の利用への嫌がらせ型」です。

　ここで対象となる労働者は、女性に限らず男性も対象となります。

　また、ハラスメント行為者は上司だけではなく、周りの同僚であることも考えられます。

　上司であれば、「休みを取るなら辞めてもらう」「次の査定では昇進しないと思いなさい」などが不利益取扱いの典型的な例になり、同僚などであれば、「時短であればたいした仕事はしてもらえない」「時短勤務をしているなんて周りの人のことを考えていない」などという発言がハラスメントとして考えられます。

状態への嫌がらせ型

　女性労働者が妊娠したこと、出産したこと等に関する言動により、就労環境が害されることが、この「状態への嫌がらせ型」です。

　妊娠、出産、産休を取得したこと、妊娠・出産に起因する症状により労務提供ができないことや労働能率が低下したこと、坑内業務など危険有害業務の就労制限により業務に従事できないことなどが対象となり、これらに関する言動で就労環境が害される嫌がらせを受けることをいいます。

　上司や同僚からの、「早めに辞めてもらうしかない」「いつ休むかわからないから任せられない」などの発言が典型的な例として考えられます。

　しかし、本人の体調を心配して業務軽減の必要性があるかどうかを確認する発言などであれば、業務上の必要性にもとづくものであるためハラスメントには該当しません。

　妊娠・出産などにより仕事を休むという事実は起きるわけなので、それがいつからいつまでなのか、またどのような状況になりそうなのか、などは現場マネジメントにとっては重要な情報で、事前に確認しなければならない内容です。したがって、業務体制を見直すためにその時期の確認をすることや、無理がない範囲で日程調整をしてもらうことなどは、ハラスメントにはあたりません。

 ### チェックリスト

☐ 対象労働者のキャリアを考慮して早期の職場復帰を促すことは、制度利用を阻害するものには該当しない（復帰のタイミングは労働者の選択に委ねなければならない）
☐ 解雇をほのめかすような言動は１回の言動でもハラスメントとなる

4-6 カスタマーハラスメントとは

 顧客等の要求の内容が妥当性を欠く場合などが該当

　カスタマーハラスメント（カスハラ）は、現時点では法律や指針などで明確な定義づけがされているわけではありませんが、「顧客等の要求の内容が妥当性を欠く場合」や、その「要求を実現するための手段・態様が社会通念上不相当な言動」により労働者の就業環境が害されるものを「カスハラ」というと考えられています。

　カスハラについては、業種や業態、企業文化などの違いから判断基準に違いが出てくる可能性があるので、企業内の考え方、対応方針を統一して、あらかじめ判断基準を明確にしたうえで、現場と共有しておくことが重要です。

　ちなみに東京都では、全国で初めてカスハラ防止条例の提出をめざしていて、カスハラについて「就業者に対する暴行、脅迫などの違法行為、または暴言や正当な理由がない過度な要求など不当な行為で就労環境を害するもの」と定義づけることが検討されています。

【「顧客等の要求の内容が妥当性を欠く場合」の例】
- 企業の提供する商品・サービスに瑕疵・過失が認められない場合
- 要求の内容が、企業の提供する商品・サービスの内容とは関係がない場合

【「要求を実現するための手段・態様が社会通念上不相当な言動」の例】
◎要求内容の妥当性にかかわらず不相当とされる可能性が高いもの
- 身体的な攻撃（暴行、傷害）
- 精神的な攻撃（脅迫、中傷、名誉毀損、侮辱、暴言）

- 威圧的な言動
- 土下座の要求
- 継続的（繰り返し）、執拗な（しつこい）言動
- 拘束的な行動（不退去、居座り、監禁）
- 差別的な言動
- 性的な言動
- 従業員個人への攻撃・要求

　カスハラ防止のために企業が作成する基本方針は、次の要素でまとめることが考えられます。
- カスハラの内容
- カスハラは自社にとって重大な問題であること
- カスハラから従業員を守る、人権を尊重する
- カスハラを放置しない
- 組織として毅然とした対応をする

チェックリスト

☐ カスハラはまだ法整備されていないが、現在、検討されている

☐ カスハラが繰り返されることで、労働者には深刻な影響がある

4-7 カスハラへの対応マニュアル

 厚労省が対応マニュアルを作成・公表

2022年に厚労省は「カスタマーハラスメント対応マニュアル」を作成して公表しています。

これは、パワハラ指針（事業主が職場における優越的な関係を背景とした言動に起因する問題に関して雇用管理上講ずべき措置等についての指針）において、カスハラに関しても、事業主は相談に応じて適切に対応するための体制の整備や被害者への配慮の取組みを行なうことが望ましいと示しているためで、企業がカスハラへの対策を強化することは急務だと、厚労省が判断したことが背景にあります。

厚労省では、カスハラの判断基準を設けるにあたり、尺度として考えられることとして、以下の2つを示しています。

①顧客等の要求内容に妥当性があるか

顧客等の要求内容に関して、その事実関係、因果関係を確認して、自社に過失がないか、根拠のある要求なのか、その要求は妥当なのか、という判断をします。

提供した商品などに瑕疵があれば、自社に過失があるため、妥当な要求と判断することも考えられます。

逆に、自社に過失も商品などの瑕疵もなければ、正当な理由がない要求と考えられます。

②要求を実現するための手段・態様が社会通念に照らして相当な範囲か

たとえば、長時間に及ぶクレームは、会社や店の業務遂行におい

て支障が生じるという観点から、社会通念上相当性を欠く場合が多いと考えられます。

　要求に妥当性があったとしても、暴力的なことがあったり、威圧的、継続的、拘束的、差別的、性的である場合は、社会通念上不相当であると考えられます。

　この2つの尺度から判断して、カスハラに該当するかどうかを企業が判断していくことになります。

　なお、殴る・蹴るという暴力行為は、ただちにカスハラに該当すると判断できますし、犯罪にも該当しうるものです。

チェックリスト

□ 第一の判断基準は「事実関係・因果関係からその要求に妥当性があるか」

□ 第二の判断基準は「要求を実現するための手段が社会通念上相当な範囲か」

□ 業種・業態、企業文化によりカスハラの判断基準は異なるため、それぞれで検討する

4-8 カスハラ対策の必要性

 厚労省からの指針をみてみよう

　前項で触れたように、パワハラ指針において、カスハラについても措置を講ずることが望ましく、被害防止のための取組みを行なうことが有効であると定められています。

　そのパワハラ指針で定められていることは以下のとおりです（「事業主が職場における優越的な関係を背景とした言動に起因する問題に関して雇用管理上講ずべき措置等についての指針」（令和2年厚生労働省告示第5号）より一部抜粋・一部編集）。

事業主が他の事業主の雇用する労働者等からのパワーハラスメントや顧客等からの著しい迷惑行為に関し行なうことが望ましい取組み

　事業主は、取引先等の他の事業主が雇用する労働者またはほかの事業主（その者が法人である場合にあっては、その役員）からのパワーハラスメントや顧客等からの著しい迷惑行為（暴行、脅迫、ひどい暴言、著しく不当な要求等）により、その雇用する労働者が就業環境を害されることのないよう、雇用管理上の配慮として、たとえば、以下のような取組みを行なうことが望ましい。
①相談に応じ、適切に対応するために必要な体制の整備
②被害者への配慮のための取組み（被害者のメンタルヘルス不調への相談対応、著しい迷惑行為を行なった者に対する対応が必要な場合に1人で対応させない等の取組み）

> ③他の事業主が雇用する労働者等からのパワーハラスメントや顧客等からの著しい迷惑行為による被害を防止するための取組み（マニュアルの作成や研修の実施等、業種・業態等の状況に応じた取組み）

　カスハラが起きることにより、現場対応への恐怖体験から労働者への影響が出ることも考えられます。業務のパフォーマンスの低下、健康不良、休職や退職などにまで発展することもあります。

　また、企業としても、カスハラへ対応する時間を浪費してしまうだけではありません。業務上の支障は人的リソースの問題だけではなく、金銭的な損失にも、ブランドイメージの低下などにもつながります。

　カスハラが起きた現場では、他の顧客への影響もあり、雰囲気の悪化により、利用低下や、他の顧客へのサービス提供の遅延などにも影響が考えられます。

 チェックリスト

- ☐ カスハラ防止の対策は義務化されていないが、影響を考えて検討する
- ☐ 企業としてカスハラによる被害を防止するための取組みを検討する
- ☐ 業種によってカスハラが起きるリスクを検討する

4-9 カスハラにより労災認定される可能性

 心理的負荷が高ければ精神障害の要因となることも

　厚労省が作成している労災申請に関する「心理的負荷による精神障害の認定基準」が2023年9月に改定されました。
　この改定は、近年の社会情勢の変化などを鑑み、また最新の医学的知見を踏まえて検討が行なわれて、改定されました。
　この改定により、業務による「心理的負荷評価表」が見直され、カスハラについても追加されました。
　心理的負荷評価表とは、実際に発生した業務による出来事を当てはめて負荷（ストレス）の強さをはかるもので、この心理的負荷評価表には多くの具体的な出来事が示されています。
　カスハラとして考えられる項目は「顧客が取引先、施設利用者等から著しい迷惑行為を受けた」という具体的な出来事で、平均的な心理的負荷の強度としてはⅡ（中）と示されています。
　そこに示された具体例は、以下のとおりです。

- 顧客等から治療を要さない程度の暴力を受け、行為が反復・継続していない
- 顧客等から、人格や人間性を否定するような言動を受け、行為が反復・継続していない
- 顧客等から、威圧的な言動などその態様や手段が社会通念に照らして許容される範囲を超える著しい迷惑行為を受け、行為が反復、継続していない

　ちなみに、心理的負荷の強度が「強」となる例として示されてい

るのは、上記内容が反復・継続するなどして執拗に受けた場合ということが追加されているほか、治療を要する程度の暴行を受けたことなどとされています。

つまり、顧客からのハラスメントにおいて、人格否定や威圧的な言動が反復・継続すると心理的負荷が高く、また会社が迷惑行為を把握していても、適切な対応をせずに改善されなかったことが、精神障害の原因とされると、労災認定される可能性が出てくるということがいえます。

カスハラを受けた労働者がその後、精神障害を発症し、労災申請をするという流れは十分にあり得ることになりました。

カスハラについても、現場で発生した際には対応し、再発防止に努めることは、会社として必ずしなければならない事項と考えてよいでしょう。

チェックリスト

□ 顧客からのハラスメント行為がたびたび起きないような、しくみづくりが必要

□ 現場でカスハラを受けている（受けそうになっている）労働者を放置しない

□ カスハラが原因で精神障害となり、労災となることもあることを理解する

4-10 企業が取り組むべきカスハラ対策

 対策を立てる前に事前準備が必要

　カスハラを想定してその対策を検討するにあたっては、以下のような事前準備が必要です。

①事業主の基本方針・基本姿勢を明確化、従業員への周知・啓発

　カスハラ対策の基本方針をトップが明確に示し、また、従業員の対応のあり方についても周知・啓発して教育します。

②従業員のための相談対応体制の整備

　カスハラを受けた労働者が相談できる体制を構築し、広く周知することが重要。相談対応者が相談の内容・状況に応じて適切に対応できるようにします。

③対応方法、手順の策定

　カスハラ行為への対応体制、その方法をあらかじめ決めておきます。

④社内対応ルールの従業員等への教育・研修

　顧客からの迷惑行為、悪質なクレームへの対応方法を具体的に労働者に教育します。

⑤事実関係の正確な確認と事案への対応

　カスハラに該当するかどうかを判断するために、その行為が事実かどうかを証拠・証言にもとづいて確認します。また、確認した事実にもとづき、商品やサービスに瑕疵・過失がある場合は謝罪して対応するが、瑕疵・過失がない場合は要求に応じません。

⑥従業員への配慮の措置

　被害を受けた労働者に対する配慮の措置を適切に行ないます。1人で対応させない、組織で対応するなどのほか、メンタル不調者への対応も検討します。

⑦再発防止のための取組み

再発防止措置のために、定期的な取組みの見直しや改善を行ない、継続的に取り組んでいきます。

⑧その他

相談者のプライバシー保護のために必要な措置を講じます。相談したことを理由に、不利益取扱いにならないことを労働者に周知します。

参考までに、会社が公表する「基本方針」の例を以下にあげておきましょう（厚労省のパンフレットより）。

> 弊社は、お客様に対して真摯に対応し、信頼や期待に応えることで、より高い満足を提供することを心がけます。
>
> 一方で、お客様からの常識の範囲を超えた要求や言動のなかには、従業員の人格を否定する言動、暴力、セクシャルハラスメント等の従業員の尊厳を傷つけるものもあり、これらの行為は、職場環境の悪化を招く、ゆゆしき問題です。
>
> わたしたちは、従業員の人権を尊重するため、これらの要求や言動に対しては、お客様に対し、誠意をもって対応しつつも、毅然とした態度で対応します。
>
> もし、お客様からこれらの行為を受けた際は、従業員が上長等に報告・相談することを奨励しており、相談があった際には組織的に対応します。

チェックリスト

☐ トップメッセージとして会社の方針を公表することが重要
☐ 労働者からの相談に適切に対応するために環境整備が必要

4-11 就活ハラスメントとは

学生等に対するセクハラ、パワハラが該当

　就活ハラスメントとは、就職活動中やインターンシップの学生等に対するセクハラやパワハラのことをいい、立場の弱い学生等の尊厳や人格を不当に傷つける等の人権に関わる許されない行為とされています。

　就活ハラスメントはカスハラと同様に、法的に対応が義務化されているハラスメントではないものの、厚労省が運営しているハラスメントに関するサイト「あかるい職場応援団」でも、就活ハラスメントについて定義づけされていて、注意喚起されています。

　就活ハラスメント防止対策については、労働施策総合推進法にもとづく指針（いわゆる「パワハラ指針」）と男女雇用機会均等法にもとづく指針（いわゆる「セクハラ指針」）において望ましい取組みとされています。

「就活オワハラ」もある

　厚労省では、2022年3月に就職活動中の学生等に対するハラスメント防止対策を強化するという情報を公表し、就活セクハラを起こした企業に対する指導の徹底を強化したり、新たに大学生に対して「就活ハラスメント防止対策関係セミナー」としての出前講座を実施したり、就活ハラスメントの被害者へのヒアリングなども行なっています。

　就活ハラスメントは、就活セクハラと就活オワハラ（就職活動を無理やり終わらせようとするハラスメント）のほか、さまざまな属性の就活生に対する人権・人格・尊厳を傷つけるような言動も、就活ハラスメントと考えられています。

就活セクハラは、就職活動中やインターンシップ中の学生に対して、「つきあっている男性はいるか」「結婚や出産後も働き続けたいか」などということを女性学生にだけ質問することなどのほか、採用の見返りに不適切な関係を迫ったり、その後も頻繁に連絡をして関係を迫ったりするような行為が例として考えられます。

就活オワハラは、"就活終われハラスメント"ともいわれ、自社の内定を出す条件として、就活中の学生に対して他企業への就職活動をしないように迫ることや、他企業の内定を辞退するように迫ることなどが該当すると考えられています。

最近は、人材不足の企業が多く、内定辞退をされないように必死のフォローをしている状況であることは理解できますが、就活オワハラをすることで、その企業に対する不信感が生まれてしまうという悪影響も考えられるので、注意しておきたいところです。

また、就活生との面接での質問で、人権・人格・尊厳を尊重しない言動があれば、それも就活ハラスメントと考えられます。

就活セクハラの経験がある人は25％程度、就活オワハラを大学に相談した人は32％程度という調査結果（東京都産業労働局サイトから）もあります。

その調査では企業で就活セクハラ防止の措置を講じていない企業は71.9％となっており、防止措置を講じている企業はまだ多くありません。今後も人手不足は継続すると思われますので、適宜対応する必要があるでしょう。

チェックリスト

- ☐ 就活ハラスメント防止は企業に義務づけられてはいないが、近年、防止措置が必要と考えられているハラスメントの1つ
- ☐ 大学、企業、学生のすべてが就活ハラスメントの基礎知識を理解して対応していくことが必要

4-12 就活ハラスメントへの対応方法

 主な企業の対応事例集が公表されている

　就活ハラスメントへの対応は、パワハラ指針・セクハラ指針で示されている望ましい対応を参考にして検討することができますが、そのほかに、2023年3月には厚労省が就活ハラスメント対策の事例集を作成しています。

　そこでは10社の事例が紹介されていますが、リクルーターの行動指針やマニュアルが策定されているケースや、eラーニングや研修で対策しているケースがあります。

　厚労省のサイトで「就活ハラスメント防止対策　企業事例集」というパンフレットを検索すると、だれでも読むことができます。そこに紹介されている主な対策事例をあげておくと、以下のとおりです。

【大林組】
- 「リクルート活動における行動規範」の策定
- OB・OGの面接時に個室利用を不可とする
- OB・OGの訪問を受ける際は会社に事前に届け出る
- OB・OG面談時にLINE等のSNSを使用しない

【ニッポンハムグループ】
- 「ニッポンハムグループ採用ガイドライン」の作成
- 「コンプライアンス勉強会」「コンプライアンス大会」などを実施して意識の向上

【住友生命保険】

● ＯＢ・ＯＧ訪問用マッチングアプリへの登録を禁止する

● 内定者懇親会等で酒席を共にする場合に、質問すべきでない事項や配慮すべき事項を明示する

【積水化学工業】

● エントリーシートに記載された学生の個人情報の一部を非公開とすることで、採用担当者やリクルーターが個人情報を悪用することを防ぐ

【ジャックス】

● 就職対応ハンドブックを作成し、学生と接する際のマナーを記載する

● 座談会を行なう際の目的を明確にする

【日本たばこ産業】

● 全従業員を対象にした就活ハラスメントｅラーニングの実施

チェックリスト

□ 就活ハラスメント防止に関する教育は採用に携わっている労働者はもちろん、全労働者に対しても実施することを検討する

□ 具体的な行動指針やマニュアルにより周知徹底をはかる

ハラスメント ✚ コラム

カスハラの具体的な行為例

　カスハラに対する方針については、最近、さまざま企業が公表しています。

　そのなかで各社、具体的にカスハラの対象となる行為例を公表しています。

　ホームページなどで公表されている具体例を以下にピップアップしてみましたので、自社で策定する際の参考にしてください。

- 暴言、大声侮辱、差別発言、誹謗中傷
- 暴行、器物損傷、その他粗暴な言動
- 脅威を感じさせる言動
- 過剰な要求
- 土下座の要求
- 正当な理由のない商品の交換、金銭補償の要求、謝罪の要求
- 長時間拘束、複数回のクレームなど業務に支障を及ぼす行為
- 業務スペースへの立ち入り
- 会社・社員の信用を毀損させる行為
- 従業員の個人情報等のＳＮＳ等への投稿（写真、音声、映像の公開）
- ＳＮＳなどへの投稿・暴言をほのめかした脅し
- 盗撮、つきまとい、わいせつな行為、卑わいな言動、セクシャルハラスメント
- 従業員の言葉遣いや言葉尻をとらえて執拗に指摘する行為
- 従業員に関する解雇等の社内処罰の要求

5章

事業主に義務づけられる ハラスメント防止措置とは

事業主はハラスメント防止措置を講じなければなりません。

5-1 ハラスメント防止措置の概要

 ハラスメントに共通して講ずべき措置がある

　法的根拠のある4つのハラスメント（セクハラ、パワハラ、マタハラ、イクハラ）のそれぞれについては、事業主が雇用管理上講ずべき措置が指針で示されています。それぞれ別々の指針ではありますが、事業主が講ずべき措置の内容はある程度共通しています。

　そこでまずは、防止措置の全体像としてすべての指針で共通して義務づけられている措置を確認しておきましょう。

【ハラスメントに共通している講ずべき措置】
①事業主の方針等の明確化およびその周知・啓発
　ハラスメントの内容とハラスメントを行なってはならない旨の方針を明確化し、就業規則へ定めるなど、周知・啓発しなければなりません。具体的な方法として、社内報・社内ホームページ等の活用や研修・講習の実施などについても、各指針で例示されています。

②相談（苦情を含む）に応じ、適切に対応するために必要な体制の整備
　相談窓口を設置し、労働者に周知することが必要です。また、相談窓口担当者の適切な対応、人事部門との連携、担当者への教育やマニュアル作成について、各指針で示されています。

③ハラスメント相談の申し出があった場合に事実関係の迅速かつ正確な確認および適正な対処
　適切な相談対応は、相談者に対してだけではなく、行為者に対しても求められることが各指針に示されています。再発防止に向けた

措置も必要です。

④相談者・行為者のプライバシー保護、不利益取扱いがないことの周知・啓発

ハラスメントに関する相談などをしたことによって、不利益取扱いをされることはないことを、社内ツールなどを活用して周知することが求められています。

　上記４つの措置は、すべての指針で共通して示されている内容です。
　このほか、マタハラ指針とイクハラ指針では、「ハラスメントの原因や背景となる要因を解消するための措置」という項目が追加されています。
　マタハラ、イクハラの要因の１つとして、妊娠・出産・育児・介護などで実際に対象者が労務提供できないことにより、周囲の労働者の業務負担が増大することもあるので、周囲の労働者の業務負担などにも配慮すること、また当事者も制度利用できるという知識をもち、周囲と円滑なコミュニケーションを図りながら業務を遂行していくという意識をもつことに留意して措置を講ずるように、と各指針に示されています。

チェックリスト

☐ ハラスメント防止のために事業主に課せられている措置はどのハラスメントに対してもほぼ同じ内容
☐ マタハラ・イクハラ防止については、その原因や背景となる要因を解消するための措置も講じることが義務づけられている

5-2 事業主の方針の明確化

 方針を周知・啓発するために、具体的な措置を講じる

　事業主には、ハラスメントを行なってはならない、ということを労働者に理解してもらえるように周知し、事業主自らも言動に必要な注意を払うように努めなければならないという責務がある、と指針に示されています。

　そのうえで、事業主はハラスメントに関する方針の明確化と、その方針を労働者に周知・啓発をするために、具体的な措置を講じなければなりません。

　そもそもハラスメントの原因や背景を考えるうえで、労働者の理解を深めることが重要となります。また、労働者同士のコミュニケーションの希薄化が職場環境の問題とも考えられるため、それらの解消がハラスメント防止の効果を高めるためには必要となります。

　以下の措置を講じていると認められる例を参考に、実行計画を立てましょう。

①ハラスメントを行なってはならないという方針を明確化し、**管理監督者を含む労働者に周知・啓発すること**

【措置を講じていると認められる例】
- 就業規則の服務規律でハラスメントを行なってはならない旨の方針を文書で規定し、ハラスメントの内容およびその発生の原因や背景を労働者に周知・啓発すること

- 社内報、パンフレット、社内ホームページなどでハラスメントの内容およびその発生原因や背景、方針を記載し、配布すること

●ハラスメントの内容およびその発生の原因や背景、ハラスメントを行なってはならない旨の方針を労働者に研修や講習により周知・啓発すること

②ハラスメントの言動を行なった者については厳正に対処する旨を方針として、就業規則などの服務規律で規定し、周知・啓発すること

【措置を講じていると認められる例】

●就業規則の服務規律でハラスメントを行なった者に対する懲戒規定を定め、その内容を労働者に周知・啓発すること

●就業規則などの文書で、ハラスメントを行なった者は懲戒規定の適用となることを明確化し、これを労働者に周知・啓発すること

チェックリスト

□ 企業としてハラスメント禁止という方針を明確に打ち出し、周知すること

□ 方針を出すだけではなく、労働者が理解できるように規定化すること

□ 規定化するだけではなく、周知徹底するために、研修や講習を行なうこと

5-3 相談に適切に対応するために必要な措置

 事業主は相談対応に必要な体制を整備する

　苦情も含めて労働者からの相談に事業主は応じなければならず、その内容や状況に応じて、適切かつ柔軟に対応するために必要な体制を整備することが求められます。そのためには、以下の措置を講じなければなりません。

①相談への対応のための窓口（以下、「相談窓口」という）を定めて労働者に周知すること

【相談窓口をあらかじめ定めていると認められる例】
- 相談に対応する担当者をあらかじめ定めること
- 相談に対応するための制度を設けること
- 外部の機関に相談への対応を委託すること

②相談窓口担当者が適切に対応できるようにすること

【適切に対応できていると認められる例】
- 相談を受けた場合、その内容や状況に応じて相談窓口担当者と人事部門とが連携を図ることができるしくみとすること
- 相談を受けた場合、あらかじめ作成した留意点などを記載したマニュアルにもとづき対応すること
- 窓口担当者に対し、相談を受けた場合の対応についての研修を行なうこと

相談窓口においては、被害を受けた労働者が萎縮して相談を躊躇する例もあることを踏まえて、相談者の心身の状況やハラスメント言動が行なわれた際の受け止めなど、その認識にも配慮しながら適切に対応を行なうようにすることが求められています。

　実際にハラスメントが発生している場合だけではなく、ハラスメントに該当するか否か微妙な場合でも、相談に応じて適切な対応を行なわなければなりません。

　これらを放置することで、結果的に就業環境を害する恐れがあったり、労働者同士のコミュニケーションの希薄化などの問題が原因でハラスメントが起きる可能性があることも考えられます。

チェックリスト

- [ ] ハラスメント相談窓口を設定することは必須
- [ ] 相談窓口は社内でも社外でも問題はない。人事部門との連携を図ることができることが大切
- [ ] 実際にハラスメントが起きたときだけではなく、その恐れがあるときでも相談できるような体制構築が重要

5-4 ハラスメントの相談を受け付けた際に求められる対応

 事実関係は迅速かつ正確に確認・対処する

事業主は、ハラスメントの相談があった場合に、その事実関係の迅速かつ正確な確認および対処をしなければなりません。そのために必要な措置については、指針で以下のように示されています。

①**事実関係を迅速かつ正確に確認すること**
【措置を講じていると認められる例】
- 相談窓口担当者、人事部門等が相談者および行為者の双方から事実関係を確認すること。その際、相談者の心身の状況やハラスメントが行なわれた際の受け止めなど、その認識にも適切に配慮すること。事実関係に関する主張に不一致があり、事実の確認が十分にできない場合は、第三者からも事実関係を聴取するなどの措置を講ずること
- 確認が困難な場合などは、調整の申請を行なうことやその他中立な第三者機関に紛争処理を委ねること

②**事実が確認できた場合、被害者に対する配慮のための措置を適正に行なうこと**
【措置を講じていると認められる例】
- 事案の内容や状況に応じ、被害者と行為者の間の関係改善に向けた援助、被害者と行為者を引き離すための配置転換、行為者の謝罪、被害者の労働条件上の不利益の回復、管理監督者・所内の産業保健スタッフなどによる被害者のメンタルヘルス不調への相談対応等の措置を講ずること
- 調停やその他中立な第三者機関の紛争解決案に従った措置を被害

者に対して講ずること

③事実が確認できた場合、行為者に対する措置を適正に行なうこと
【措置を講じていると認められる例】
● 就業規則の服務規律などに定めた文書におけるハラスメントに関する規定にもとづき、行為者に対して必要な懲戒その他の措置を講ずること。あわせて事案の内容や状況に応じ、被害者と行為者の間の関係改善に向けての援助や被害者と行為者を引き離すための配置転換、行為者の謝罪などの措置を講ずること
● 調停やその他中立な第三者機関の紛争解決案に従った措置を行為者に対して講ずること

④あらためてハラスメントに関する方針を周知・啓発するなどの再発防止に向けた措置を講ずること
【措置を講じていると認められる例】
● ハラスメントを行なってはならない旨の方針およびハラスメントを行なった者に厳正に対処する旨の方針を、社内報やパンフレット、社内ホームページなどで広報または啓発するための資料をあらためて掲載し、配布などをすること
● 労働者に対してハラスメントに関する意識を啓発するための研修、講習を改めて実施すること

チェックリスト

☐ ハラスメントの相談申し出を受けた後の対応は迅速かつ適切に行なう
☐ 被害者、加害者それぞれの立場に応じて必要な措置を行なう
☐ 自社内で対応できない場合は、調停などの第三者機関の利用も検討する

5-5 プライバシー保護に関する講ずべき措置

 必要な措置が講じられていることを周知する

　職場におけるハラスメントに関する相談者・行為者の情報は、当事者のプライバシーに属するものであり、その対応にあたってはプライバシー保護のために必要な措置を講ずることが求められます。

　また、相談者・行為者のいずれに対しても、さらには労働者全員に対して、ハラスメントに関して企業が行なう対応にはプライバシーを保護するために必要な措置が講じられていることを周知することが必要です。

　ここでいうプライバシーには、相談者・行為者等の性的指向、性自認、病歴、不妊治療、妊娠・出産、育児休業・介護休業などの機微な個人情報も含まれることになります。

【必要な措置を講じていると認められる例】

- 相談者・行為者等のプライバシーの保護のために必要な事項をあらかじめマニュアルに定め、相談窓口担当者が相談を受けた際には、当該マニュアルにもとづき対応する

- 相談者・行為者等のプライバシーの保護のために、相談窓口担当者に必要な研修を行なう

- 相談窓口においては相談者・行為者等のプライバシーの保護のために必要な措置を講じていることを、社内報、パンフレット、社内ホームページなどで広報または啓発のための資料などを掲載し、配布等すること

プライバシーが守られるのかどうか、ということがはっきりしていないと、相談したいと思っても躊躇したり、相談することをあきらめたりする可能性が出てきます。

　ハラスメントなどの社内のトラブルは、早期に発見し、早期に対応することで、影響範囲を最小限に食い止めることができるので、気軽に相談できるということを労働者に認識してもらうことは重要です。

　また、相談窓口担当者も、さまざまな相談に応じることが求められることになるため、マニュアルなどの頼りにできるものがあるかどうかは、その担当者の負荷軽減にもつながります。

　社内で安心して相談できる環境づくりが、ハラスメント防止の一助につながります。

チェックリスト

- ☐ 相談窓口を利用してもプライバシーが保護されることを労働者全員に周知する
- ☐ 相談窓口担当者用のマニュアルの整備をし、教育をする
- ☐ 相談者にも行為者にも自身のプライバシーが保護されることを丁寧に説明する

5-6 不利益取扱いに関する講ずべき措置

 不利益な取扱いをしないことを定めて周知・啓発する

　労働者がハラスメントの相談をしたこと、もしくは、事実関係の確認などの事業主の講ずべき措置に協力したこと、または労働局に相談、紛争解決の援助を求めたり、調停申請を行なったことなどを理由に、解雇その他不利益な取扱いをされない旨を定めて、労働者に周知・啓発することが、事業者の講ずべき措置として示されています。

【必要な措置を講じていると認められる例】
- 就業規則その他服務規律等を定めた文書において、ハラスメントの相談などを理由として解雇などの不利益な取扱いをされない旨を記載して労働者に配布等すること

- 社内報、パンフレット、社内ホームページなどで広報または啓発のための資料などに、ハラスメントの相談を理由として、労働者が解雇等の不利益な取扱いをされない旨を記載し、労働者に配布すること

　ハラスメントの相談の申し出があることで、事実を確認し、対処するという流れになるため、現場の労働者が相談したことによって不利益になることがない、ということを事前に知っていることは重要です。
　また、事実関係を確認する際に、被害者と行為者だけに確認するだけでは事実認定できない状況も考えられるので、周囲の労働者の協力も大切です。

そのような場合でも、事業主の講ずる措置に協力したことで不利益になることはない、ということを事前に把握できるようにしておきます。

社内に限らず、社外の都道府県労働局に対しての相談や調停の申請などにまで発展した場合であったとしても、その事実を理由に不利益取扱いがないことも周知しておきます。

チェックリスト

- □ 相談により社内の事情が把握できるきっかけとなることから、不利益取扱いがないことを明らかにすることは大切
- □ 特に、社外の労働局への相談や調停などを利用することに対してはハードルが高いが、その場合においても不利益取扱いができないことは認識しておく

5-7 マタハラ・イクハラの原因や背景となる要因を解決するための措置

 業務体制の整備など必要な措置を講じる

　妊娠・出産等に関するハラスメント（マタハラ）と、育児休業・介護休業に関するハラスメント（イクハラ・パタハラ）については、その原因や背景となる要因を解消するため、業務体制の整備や、事業主や制度を利用する労働者等の実情に応じて必要な措置を講ずることが義務化されています。

　ハラスメントと認定される範囲としての「労働者」には、派遣労働者も含まれますが、この場合は派遣元の事業主にその措置が義務化されています。

　求められている措置を講ずるにあたっては、次の2点について意識・配慮するように示されています。

①制度を利用する労働者本人に対してだけではなく、周囲の労働者への配慮も必要

　ハラスメントの背景には、妊娠・出産・育児・介護に関する制度利用に対する否定的な言動が考えられますが、その要因の1つには、対象労働者が体調不良により労務提供ができなかったり、短時間勤務であったりすることで、周囲の労働者の業務負担が増大することもあります。

　したがって、制度を利用する本人に対する配慮だけではなく、その周囲の労働者の業務負担に対しても配慮しなければなりません。

②制度に対する知識不足と周囲との円滑なコミュニケーション

　労働者が妊娠・出産・育児・介護に関する制度について知らない

ことが多い、という課題があります。

これは、労働者が制度を利用可能であることを知らないということもありますが、すべての労働者が知識不足であるため、周りの理解も得られにくいということもあります。

知識がないことで理解を得られないという点以外にも、利用状況に応じて業務の調整が必要となることに対して、周りの理解を得られにくいということも考えられます。

周囲と円滑なコミュニケーションを図ることで、適切な業務遂行ができるように意識をもつことが求められています。

【必要な措置が講じられていると認められる例】

● 妊娠した労働者の周囲の労働者への業務の偏りを軽減するよう、適切に業務分担の見直しを行なうこと

● 育児休業、介護休業などの制度を利用する労働者の周囲の労働者への業務の偏りを軽減するよう、適切に業務分担の見直しを行なうこと

● 業務の点検を行ない、業務の効率化などを行なうこと

チェックリスト

☐ 妊娠・出産・育児・介護に関する制度について全労働者が理解できるような対応が必要

☐ 制度利用者の周りの労働者の業務負担についても配慮を忘れない

☐ 業務分担の検討だけではなく、業務全体の見直しにより効率化を図ることも検討する

5-8 事業主が行なうことが望ましい取組み（努力義務）

 相談窓口はハラスメントごとに設置しない

　ハラスメント問題に関して雇用管理上、事業主が講ずべき措置について、5－1項で概要を、そして5－2項から5－7項までで義務化されていることを説明してきました。

　この項では、事業主が行なうことが望ましい取組みとして努力義務化されていることについて、説明します。

　「セクハラ」「パワハラ」「マタハラ」「イクハラ・パタハラ」という4つのハラスメントに共通して努力義務化されていることは、それぞれのハラスメントごとに、相談窓口を設置するのではなく、**一元的に相談に応じることができるような体制を整備することが望ましい**ということです。

　それぞれのハラスメントが、単独で発生するケースばかりではなく、複合的に生じることも想定されるため、相談者が迷うことなく相談できるような環境整備のために、一元的な体制整備が求められています。

【一元的に相談に応じることができる体制の例】
- 相談窓口で受け付けることができる相談として、セクハラ、パワハラ、マタハラ、イクハラなどが可能ということを明示すること

- 職場におけるハラスメント相談窓口が、セクハラ、パワハラ、マタハラ、イクハラなどのハラスメントの対応を兼ねていること

　そのほか、パワハラ、セクハラ、マタハラについては、事業主が

自ら雇用する労働者以外に対する言動についても取組みを講ずることが望ましいと示されています。

具体的には、個人事業主やインターンシップを行なっている者など労働者以外の者に対する言動についても、注意を払うように配慮することという内容です。

事業主は、直接雇用されている人だけではなく、業務遂行において関わる人たちすべてに対して対応することが求められているという考え方といえるでしょう。

チェックリスト

- ☐ 相談窓口はハラスメントの種類別に分けることなく、相談者がどの相談窓口を利用したらいいか迷わないように一元的に応じる体制とすることが望ましい
- ☐ 社内で相談窓口を周知する際には、どのような相談でも対応できることがわかるようにアナウンスする
- ☐ 企業の責務としては、直接雇用している労働者だけではなく他の労働者についても注意を払うように努めることが望ましい

5-9 パワハラに関して努力義務化されている取組み

 コミュニケーションの活性化のための研修を行なう

　パワハラの原因や背景となる要因を解消するためには、労働者個人のコミュニケーション能力の向上を図ることが、行為者・被害者双方にとってもハラスメント防止のために重要なことと位置づけられています。

　また、労働者も業務上必要な指導や業務指示はパワハラには該当しないことを理解し、適正な業務指示や指導を踏まえて真摯に業務遂行する意識をもつことが重要であり、留意する必要があるとも示されています。

　そのうえで、コミュニケーションの活性化・円滑化のための研修を行なうことや、適正な業務目標の設定などの職場環境の改善のための取組みを行なうことが求められています。

【必要な取組みの例】
- 日常的なコミュニケーションをとるよう努めることや、定期的に面談やミーティングを行なうことで、コミュニケーションの活性化を図ること

- 感情をコントロールする手法についての研修、コミュニケーションスキルアップについての研修、マネジメントや指導についての研修などの実施や資料の配布により、労働者が感情をコントロールする能力やコミュニケーションを円滑に進める能力向上を図ること

- 適正な業務目標の設定や適正な業務体制の整備、業務効率化による過剰な長時間労働の是正などを通じて、労働者に過度に肉体的・精神的負荷を強いる職場環境や組織風土を改善すること

　事業主は必要に応じて、アンケート調査や意見交換などを実施することで、その運用状況の的確な把握や必要な見直しの検討などに努めることが重要です。
　指針ではたとえば、衛生委員会を活用することなどが考えられると具体的に示しています。

　パワハラは業務命令の延長線上に起き得ることなので、どこまでが適正で必要な指導、業務指示なのか、という点を特に現場の上司たちが正しく理解しておくことが必要です。
　さらに、それらの業務指示を適切な方法で伝える力も求められるため、労働者にその知識を習得できるチャンスを、会社は準備し、教育していくことが大切です。

チェックリスト

- ☐ 日頃からコミュニケーションをとることで活性化を図ることが重要
- ☐ マネジメントに必要な能力を身につけるための研修を実施する
- ☐ 適正な業務量を意識し、過度な肉体的・精神的負荷を強いる職場風土を改善する

5-10 カスハラに対して行なうことが望ましい取組み

 カスハラに対する具体的な取組みとは

4-8項「カスハラ対策の必要性」では、カスハラに対する望ましい取組みの概要を取り上げましたが、より具体的に示されている内容を確認すると以下のとおりです。

これらは、パワハラ防止指針で示されている努力義務となっている措置です。

①相談に応じ、適切に対応するために必要な体制の整備

事業主は、他の事業主が雇用する労働者などからのパワハラ行為やカスハラ行為から、雇用する労働者を守るために、労働者相談窓口の設置を周知し、相談窓口に相談があったときには広く対応し、必要な取組みをしなければなりません。

単に相談窓口の設置だけではなく、上司や職場内の担当者などの相談先をあらかじめ定め、具体的にそれを労働者に周知することが望ましいです。

また、実際に相談を受けた人は、その内容や状況に応じて適切に対応できるようにすることが示されていますが、それを実現するためには、やはり正しい知識の習得を目的とした研修などの教育が必要です。

以上のように、カスハラだからといって特別なことはなく、他のハラスメントと同様の対応が求められます。

②被害者への配慮のための取組み

事業主は、相談者から事実関係を確認し、他の事業主が雇用する労働者からのパワハラやカスハラが認められた場合は、被害者に対

する配慮を速やかに行なうことが必要です。

【被害者への配慮のための取組みの例】
- 事案の内容や状況に応じて、被害者のメンタルヘルス不調への相談対応や、著しい迷惑行為を行なった者に対する対応が必要な場合は、1人で対応させないなどの取組みが努力義務化されています。

③他の事業主が雇用する労働者からのパワハラやカスハラによる被害防止のための取組み

他社の者からのパワハラ・カスハラの被害を防止するためにも、このような行為への対応マニュアルの作成や研修の実施などの取組みが有効です。

また、業種・業態などにより被害の実態や業務の特性などを踏まえて、必要な取組みをすすめることが被害の防止にあたり効果的です。

チェックリスト

□ カスハラの被害により労働者が就労困難になることは避けなければならないので、事前にカスハラを許さないという方針を明示するだけではなく、相談体制の充実を図る

□ ハラスメント相談窓口を一元的に設置するという対策にあたり、カスハラを受けた場合の相談も想定して従業員への周知を徹底する

5-11 イクハラ・マタハラの制度利用対象者への周知・啓発

 産休等の制度に関する知識不足を解消する

　4つのハラスメント指針に示されている努力義務の措置で、イクハラとマタハラに示されている内容は、妊娠・出産・育児・介護休業に関するハラスメントの原因や背景となる要因を解消するためには、制度に関する知識不足を解消することになります。

　制度を利用できる労働者自身が制度を利用できるという知識をもつことや、周囲と円滑なコミュニケーションをはかり、自身の事情に応じて適切に業務遂行していくという意識をもつことが望ましいとされています。

【労働者への周知・啓発の例】
- 社内報やパンフレット、社内ホームページ等、広報または啓発のための資料で記載するなどして、労働者に配布すること

- 労働者が制度に関する知識をもつことや、周囲と円滑なコミュニケーションを図りながら制度利用の状況に応じて適切に業務遂行するという意識をもつことなども、労使で共有し、周知・啓発すること

　育児介護休業法の改正により、2022年4月以降は妊娠・出産の申し出があった労働者に対して、個別に制度を周知し、制度利用の意向を確認しなければならなくなり、そのための面談などが義務化されました。

　これは、妊娠・出産・育児という流れのなかで、女性も男性も制度を正しく理解することが必要なため、改正された内容です。

また、2025年4月1日からの改正で、介護両立支援制度についても個別周知と制度利用の意向の確認が義務化されます。
　これは、介護離職を防ぎ、仕事と介護の両立支援強化のための改正ですが、制度が認知されることで、ハラスメントの背景となる職場の文化も変えていく必要があるでしょう。

　また、各種制度を利用する労働者も、可能な限り職場と早めにスケジュール調整することで、スムーズな制度利用になるということを理解しておきたいところです。

チェックリスト

- [ ] 出産や育児、介護などによって利用が可能な法的制度の理解が必要
- [ ] 制度利用可能な労働者だけではなく、周りの労働者の理解を得るためにも、制度の認知度を向上させていくことが重要
- [ ] 労働者は制度利用を主張するだけではなく、社内外での円滑なコミュニケーションを図ることで、すべての人が活躍できる職場づくりへの貢献の1つにもつながる

ハラスメント ✚ コラム

ハラスメント防止のためのトップメッセージ

　ハラスメント防止のために行なう対応策の１つとして、トップメッセージの公表があります。厚労省のパンフレットで公表されている下記を参考に作成してみてください。

ハラスメントは許しません！

株式会社○○　代表取締役○○○○

１．職場におけるハラスメントは、労働者の個人としての尊厳を不当に傷つける社会的に許されない行為であるとともに、労働者の能力の有効な発揮を妨げ、また、会社にとっても職場秩序や業務の遂行を阻害し、社会的評価に影響を与える問題です。性別役割分担意識にもとづく言動は、セクシャルハラスメントの発生の原因や背景となることがあり、また、妊娠・出産・育児休業等に関する否定的な言動は、妊娠・出産・育児休業等に関するハラスメントの発生の原因や背景になることがあります。このような言動を行なわないよう注意しましょう。また、パワーハラスメントの発生の原因や背景には、労働者同士のコミュニケーションの希薄化などの職場環境の問題があると考えられますので、職場環境の改善に努めましょう。

２．わが社では、下記のハラスメント行為を許しません。またわが社の従業員以外の者に対しても、これに類する行為を行なってはなりません。

　＜パワーハラスメント＞………

　＜セクシャルハラスメント＞………

ハラスメント相談窓口の役割と
ハラスメント発生時の対応のしかた

相談窓口の設置は
義務づけられています。

6-1 相談窓口の設置方法

 相談窓口をあらかじめ定めて労働者に周知する

　事業主は、ハラスメントにより労働者の就業環境が害されることがないように、労働者からの相談に応じることが義務づけられています。指針では具体的に、相談窓口をあらかじめ定めて、労働者に周知するように示されています。

　相談窓口は、社内に限らず外部の専門家（弁護士や社会保険労務士など）に委託することも可能です。

　相談窓口を設置したら、すべての労働者に窓口があることを通知します。その後、入社した人たちにも周知する必要があるので、入社時に配布する資料などに、ハラスメント相談窓口がどのように設置されているかを記載して、もれなく周知するようにします。

　相談の方法は電話、メール、チャットなど複数設けておくと安心です。部門によって異なる窓口担当者がいる場合や、社内担当者だけではなく外部にも窓口がある場合は、いずれの情報もあわせて丁寧に周知します。

　相談窓口について、どのようにアナウンスするかで企業の本気度が伝わります。

　ただ設置すればいいというわけではなく、実態把握のためにも、ハラスメント防止のためにも、相談窓口をしっかり機能させようとしているかは、労働者に伝わります。

　ハラスメント相談窓口に関する簡単な文書例を右ページにあげておきました。

 相談窓口担当者の人選も重要

　人事部長や総務部長などの役職者を相談窓口担当者とすると、相

◎ハラスメント相談窓口を周知させる文書の記載例◎

【ハラスメント相談窓口】

セクハラ、パワハラ、その他のすべてのハラスメントの相談は下記の窓口で受け付けています。
相談したことで不利益な取扱いを受けることはありません。安心して相談してください。

本　　　社　相談担当　　○○　○○　○○　○○
　　　　　　（電話：00-0000-0000　メール：00000@0000.co.jp）
○○支店　相談担当　　○○　○○　○○　○○
　　　　　　（電話：00-0000-0000　メール：00000@0000.co.jp）

談しづらいと考える人も出てくる可能性があります。役職者が相談窓口担当になると、相談の時点で指導をしてしまう可能性もあるので、利害関係の少ない人が適切な人選だと考えられます。

　監査役室の担当者なども考えられますが、相談受付後は、人事部門との連携が必要です。また、男性と女性の両方を相談窓口担当者として選任すると安心です。

　メールで受け付ける場合は、担当者を複数設けるとよいでしょう。複数で情報共有して対応することで、タイムリーに対応が可能となります。一方、機密保持には十分気をつける必要があります。

チェックリスト

□ 機能する相談窓口を設置し、労働者に周知する
□ 相談者が迷わず相談できるような環境をつくることが重要

6-2

相談対応の留意点

 相談者の意向を尊重して関係者などに確認する

　相談対応をするにあたり、まず重要なことは、**相談者が主張する事実を正確に把握する**ことです。相談を受けたときに、その場で結論を出すような発言は控えるようにしなければなりません。

　また、相談者にプライバシーは保護されることを説明して、相談していること、相談している内容について、周りの他の労働者に漏れないように、個室などの執務室とは異なる場所で関係者のみで対応します。

　ハラスメントの相談は、相談をしてきた人からの話だけでは事実を確認することはできません。

　したがって、関係者に事実確認をしてよいかどうか、相談者の意向を尊重して確認します。しかし、相談したことや調査を希望したことなどで本人が不利益な取扱いがされることはないことを、説明して安心してもらいましょう。

　次ページは東京労働局の「パワハラ防止対策 自主点検」というサイトに掲載されている「相談窓口担当者のためのチェックリスト」です。ご参考にしてください。

 チェックリスト

- ☐ 相談者の話をよく聞き、その場で結論を出さない
- ☐ 相談者が安心して相談できるような場所の提供、情報の提供を忘れない
- ☐ あくまでも相談者の意向を尊重した対応をすること

◎相談窓口担当者のためのチェックリスト◎

相談窓口（一次対応）担当者のためのチェックリスト

基本的な流れ	ポイント
1　相談者のプライバシーが確保できる部屋を準備しましょう。	―
2　相談者が冷静に話ができるよう心がけましょう。	✓ できる限り、相談者が女性の場合は、女性の相談担当者も同席できるようにしましょう。
3　相談内容の秘密が守られることを説明しましょう。	✓ 相談者のプライバシーを守ること、相談者の了解なく行為者に話をしないこと、相談によって社内で不利益な取扱いを受けないことを説明しましょう。
4　相談対応の全体の流れを説明しましょう。	✓ 相談窓口の役割や、解決までの流れ、会社のパワーハラスメントに対する方針（パワーハラスメントは許さない等）等の説明をしましょう。
5　相談者の話をゆっくり、最後まで傾聴しましょう。	✓ 1回の面談時間は、50分程度が適当です。 ✓ 相談者が主張する事実を正確に把握することが目的ですので、意見を言うことは原則として控えましょう。 ※相談者に共感を示さない以下のような言葉は、厳禁です。 (1)「パワハラを受けるなんて、あなたの行動にも問題（落ち度）があったのではないか 」と相談者を責める。 (2)「どうして、もっと早く相談しなかったのか」と責める。 (3)「それは、パワハラですね/それは、パワハラとは言えません」と断定する。 (4)「これくらいは当たり前、それはあなたの考え過ぎではないか 」と説得する。 (5)「そんなことはたいしたことではないから、我慢した方がよい」と説得する。 (6)「（行為者は）決して悪い人ではないから、問題にしない方がいい」と説得する。 (7)「そんなことでくよくよせずに、やられたらやり返せばいい」とアドバイスをする。 (8)「個人的な問題だから、相手と二人でじっくりと話し合えばいい」とアドバイスをする。 (9)「そんなことは無視すればいい」とアドバイスをする (10)「気にしても仕方がない。忘れて仕事に集中した方がよい」とアドバイスをする。
6　事実関係を整理し、相談者とともに確認しましょう。	✓ いつ、誰から、どのような行為を受けたか、目撃者はいたか等を整理し、パワーハラスメント相談記録票（参考資料9別添）に記入しましょう。 ✓ 証拠書類（手帳や業務記録など）があれば、コピーし保存しましょう。
7　人事担当部署などに相談内容を伝え、事実関係を確認することや対応案を検討することについて同意を得ましょう。	✓ 相談者が行為者や他従業員からの事情聴取を望まない場合は、確認ができなければ、会社としてこれ以上の対応（行為者への指導や処分等）はできないことを説明しましょう。 ✓ 相談者の意向を尊重して対応しましょう。
※　相談者から「死にたい」などと自殺を暗示する言動があった場合には、産業医などの医療専門家等へすみやかに相談しましょう。	―

6章　ハラスメント相談窓口の役割とハラスメント発生時の対応のしかた

6-3

相談対応の流れ――事実確認と調査

 第三者への事情聴取なども重要

　実際にハラスメントの相談があったときに相談窓口担当者は、相談者から「事実」を聞く必要があるので、いつ、どこで、行為者が被害者に対して何をしたのか、その背景には何があったのか、ということを聞き出します。

　つまり、**５Ｗ１Ｈを特定する**わけですが、具体的な事実ではなく「怖い顔をされた」「厳しい言葉を吐かれた」などと具体的ではない話しかできない状態の場合もあります。しかし焦らず、相談者を観察しながら話をよく聞き、少しずつでも事実に迫っていきます。

　相談者が事実をはっきり具体的に伝えてくるケースもあります。たとえば、受領したメールをそのまま転送してきたり、記録していたものを根拠に相談してくる場合です。また、行為者の発言を録音して持ってくるケースもありますが、具体的な状況は録音だけではわかりません。情報が一部切り取られた可能性もあるので、状況確認として第三者への事情聴収なども重要です。

　相談者は自分の落ち度については説明しないことがあるので、第三者からその事実が起きた状況や背景を多面的に確認することで全体像を理解することができます。第三者への聞き取りは可能であれば複数名に対して行ないます。相談者、行為者、第三者から話を聞くと同時に、**記録などの客観的な事実も確認しておく**ことも重要です。社内で起きた事象であれば勤務記録との照合などもできます。

　いずれにしても相談窓口担当者は、**公平・中立な立場で誠実に対応する**ことが求められます。証拠となるメールや文書などを提出してくることもありますが、プライバシー保護に留意する必要があるので、注意しましょう。事実確認を行なった結果、その内容が職場

◎相談対応の流れ（例）◎

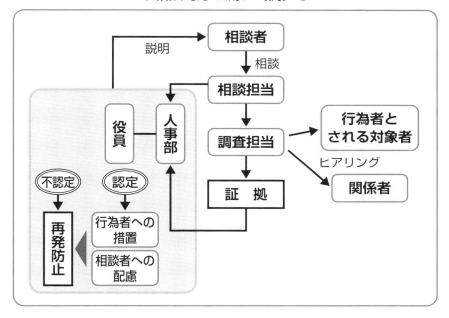

におけるハラスメントに該当するかどうか事実を要件に当てはめて判断することになります。

　なお、前項で紹介した東京労働局の「パワハラ防止対策 自主点検」というサイトには「パワーハラスメント相談記録票」のサンプルが掲載されていますので、参考にしてください。

チェックリスト

☐ 相談者から具体的な事実について話してもらえるように工夫する
☐ 具体的な証拠となるものだけに頼らず、その状況や背景の確認も怠らない
☐ 相談者のプライバシー保護の観点を忘れずに対応する

6-4
行為者への対応方法
──処分決定の留意点

 就業規則の規定に応じて処分を決める

　ハラスメントの事実が確認できたあとは、加害者（行為者）にも被害者にも対応が必要になります。

　加害者への対応としては、懲戒処分や配置転換などの人事異動なども必要に応じて検討します。

　就業規則には懲戒に関する規定があると思いますので、その規定に則って処分を決定します。

　懲戒規定には、けん責、減給、出勤停止、降格、諭旨解雇、懲戒解雇というように、いくつかの種類が準備されていると思いますが、定めている懲戒事由を踏まえて、また過去の社内で起きたハラスメントの処分事例を踏まえて、その処分を決定します。

◎懲戒処分を行なう流れ◎

 ❶ 自宅待機命令（任意）

事実調査の必要がある場合、証拠隠滅の恐れがある場合などに発動します。

 ❷ 事実関係の確認と事実認定

❸ 懲戒委員会で弁明の機会

懲戒委員会の開催は必須ではありませんが、処分について懲戒委員会で決定することが規定されている場合は、規定どおりに手続きすることが必要です。また、本人に弁明の機会を設ける必要があります。

❹ 懲戒処分の決定

特に、以下の処分について注意が必要です。
【減給】減給については、1回の減給が平均賃金1日分の5割を超えることはできず、また、減給の総額が1賃金支払い期における賃金総額の1割を超えることはできません（労基法91条）。
【懲戒解雇】懲戒解雇であっても、解雇であることには変わりがないので、30日前に解雇予告をするか、即日解雇をするのであれば解雇予告手当の支払いが必要になります。事前に所轄労働基準監督署長に解雇予告除外認定を受けることで、解雇予告手当を支払うことなく解雇が可能となります。

チェックリスト

- □ 懲戒処分は規定内容に準じて処理し、手続きも定めどおりに行なう
- □ 処分の内容は過去の事例とのバランスもみて決定する
- □ 懲戒解雇にする場合、無条件で解雇予告なしで即日解雇ができるわけではない

6-5 被害者への対応方法

 ### 被害者を異動させるときは要注意

事業主は被害者に対して、事実確認を行ない、社内対応が決定したのちに何かしらの対処が必要となります。

状況にもよりますが、被害者が行為者と近い席で働くことが難しいようなケースでは、行為者の異動のほか、被害者に異動してもらうこともあり得ます。

この場合、被害者なのになぜ自分が異動しなければならないのか、行為者は変わらなく仕事をしていて、なぜ自分が異動になるのか、などという不満をもたれることがあります。

しかし、この状況を放置していると、さらにトラブルに発展してしまうこともあるので、事前に十分な話し合いをしたうえで、丁寧な説明をして納得してもらうように準備することが大切です。

 ### 対応についてフィードバックする必要もある

そのほか被害者への対応としては、ハラスメントに対して会社がどのように判断し、対応をしたかというフィードバックを必ず行ないます。

東京労働局において労働施策総合推進法に係る紛争（パワハラの紛争）で多く寄せられている事案は、事業主の事実確認の結果に関するもので、その事案の多くは、行為者とされる者の発言に関するものだといわれています。

物的証拠がない発言などは「言った・言わない」「聞いた・聞いていない」という議論になり、事実確認が難しくなります。

したがって、会社が決定した結論だけを被害者にフィードバック

すると、その調査結果に納得がいかず、さらなる紛争の原因になることがあります。

事業主としては、相談を受けた段階から相談者の意向を確認し、協力して問題解決にあたる姿勢が大切です。

プライバシーの観点から事実確認の過程をすべて相談者に説明できないこともありますが、できる限り納得のいく説明に努めることが大切です。

相談者は、相談した当日からずっとフィードバックされる日を待っていますので、長期間放置することなく、スケジュールなどの連絡をしておくと安心です。

チェックリスト

- □ 被害者への説明は丁寧に
- □ 物的証拠がないことに対する事実確認・事実認定が困難であることも含めて問題解決の姿勢を伝える
- □ 職場環境改善に努めることも必要な措置となる

6-6 再発防止措置の実行

 事実が確認できなくても再発防止措置は必要

　ハラスメントが発生した場合は、事業主は再度、ハラスメントが起きないように再発防止措置を講じなければなりません。

　実際にハラスメントの事実が確認できなかったとしても、相談の申し出があった事実に変わりはないので、再発防止措置は必要です。

　再発防止措置を講ずるためには、その原因を特定する必要があります。相談内容から事実確認をした結果から、原因の所在を確認して対策を検討します。

　検討に際しては、相談者と行為者との人間関係や職場環境、業務遂行方法なども考察する必要があります。

　ハラスメントが起きた職場や、実際には起きていなくても相談が発生した職場のコミュニケーションの状態がどのようになっているのか、また職場環境としてハラスメントがない社風になるまで、継続的に研修や教育を行なうことが求められます。

【具体的に考えられる再発防止策】
- **行為者に対する再発防止研修**

　社外の研修などを受講してもらい、レポートを提出してもらうことなどが考えられます。本人の社内の立場も尊重して対応方法を決定しましょう。

- **トップメッセージの発信**

　事業主としての基本方針などがあらかじめ周知されていても、改めて社長がハラスメントに関する方針などのメッセージを発信

することが考えられます。

●管理職登用基準の見直し

　ハラスメントは、コミュニケーションが適切に行なわれていないことが原因になっていることも多いため、管理職登用の条件としてコミュニケーションの取り方、部下への適切な指導、適切な育成ができる人材であることを基準に加えることなど、管理職登用基準の見直しを行ないます。

　なお、東京労働局の公式YouTubeチャンネルでは、再発防止措置に関する解説動画が準備されています。

チェックリスト

☐ 同じことが起きないように、ハラスメントが発生した後はその原因を特定し、再発防止策を決定する
☐ 改めて社内にハラスメントに対する意識づけを行なう
☐ 現場管理は管理職が日々行なっているので、管理職への教育を徹底する

6-7 プライバシー保護と不利益取扱いの禁止

 ### 関係者のプライバシー侵害には気をつけよう

相談対応において、相談者や事実確認の対象者などのプライバシー保護のために必要な措置を講ずることが求められています。

プライバシーの侵害は、一度生じると、その被害の回復は容易ではないため、確実な対応が必要です。

相談窓口担当者はもちろん、人事労務担当者においては、確実にプライバシー侵害がない体制づくりを行なわなければなりません。相談内容の共有範囲、相談対応や事実確認の場所なども含めて情報漏えいしないように配慮します。

また、相談したいと考える労働者は、最初に身近な上司に相談することがあります。相談を受けた上司が軽率に相談内容を漏らすことがないように、特に**管理職の教育は徹底**することが必要です。

 ### 不利益取扱いの禁止は明確に定めて周知・啓発

ハラスメントを相談したことや、事実確認に協力したことを理由に不利益取扱いを行なうことは禁止されています。

事業主は、不利益取扱いの禁止を定めて、トップメッセージや社内の相談窓口の案内などに掲載し、労働者に周知・啓発する必要があります。

不利益取扱いの禁止が徹底されていない職場では、労働者は安心して相談窓口を利用することはできないので、相談のしやすい環境整備が必要です。

相談されたときにその相談者に説明することは当然ですが、事実確認の際に協力してもらう労働者に対しても、説明が必要になります。

東京労働局の公式YouTubeチャンネルでは、パワハラ対策に係る自主点検の解説がされていて、そこでも不利益取扱禁止に関する具体的な実施に向けて、以下のフレーズを参考にトップメッセージや相談窓口の案内文に掲載し、周知をするように促しています。

◎案内文の例◎

当社は、パワーハラスメントなどの解決のために、相談窓口を設け、迅速で的確な解決をめざします。相談者や事実関係の確認に協力した方に対し、不利益な取扱いは行ないません。また、プライバシーを守って対応します。

チェックリスト

- ☐ 相談者にとってプライバシーが保護されることは安心感につながるため大変重要
- ☐ 事実確認の協力者に安心してもらうために不利益取扱いがないことも周知する
- ☐ トップメッセージから安心を伝える

6-8 相談窓口担当者への教育
——一次対応方法

 窓口担当者には事前研修も定期研修も実施

　相談窓口担当者は、人事部門で担当者を選任する以外にも、コンプライアンス部門が担当することや社外の専門家に依頼することも考えられます。

　いずれの部門が担うとしても、社内の従業員が担当するのであれば、事前に相談窓口担当者としての心がまえも含めた一定の知識が必要です。したがって、事前研修のほか、適宜、定期的な研修を実施することが考えられます。

　研修では最初に、相談窓口担当者の役割がいかに重要なことなのか、という理解を求めます。厚労省で定めた指針には、ハラスメント防止のために事業主が雇用管理上講ずべき措置として、相談（苦情を含む）に応じ、適切な対応をするために必要な体制の整備があげられていて、その体制の1つが相談窓口の設置です。

　また、ハラスメントに対して事後の迅速かつ適切な対応も事業主に課せられる雇用管理上の措置となっています。この重要な役割を担うのが相談窓口担当者なのだということを理解してもらうことが大切です。

 相談者の話はしっかりと聞く

　最初に相談窓口として相談を受け付けるにあたり、利用しやすい相談窓口にするためには、相談者に不利益な取扱いがないこと、プライバシーは確保され、秘密は守られること、この相談窓口を利用したらその後はどのような流れで対処されるのか、ということを説明します。

　相談者の話は時間をかけてゆっくり聞きますが、1回1時間程度

を上限時間としましょう。1時間で終わらなければ、次回の相談日を決めて切り上げます。

相談者の主張を正確に把握することが目的なので、しっかり話を聞くことに徹して、自分の価値観や基準をもとに意見をいうことは原則避けるようにします。

相談者が「十分に話を聞いてもらった」と納得できると、相談窓口担当者との信頼関係も生まれ、結果として対応がうまくいくことが期待できます。

相談したあとも、問題を放置しておくことで問題が拡大したり、悪化したりする可能性があるので、迅速に対応しなければなりません。対応に時間がかかる場合は、その状況を相談者に事前に伝えることで、少しでも安心してもらえるようにします。

なお、「あかるい職場応援団」のサイトに「相談受付票」のサンプルが掲載されていますので参考になります。

 チェックリスト

- □ 相談者に共感を示さない以下の言葉は厳禁
  - ●自分の価値観による断言
    「それはハラスメントですね」
    「それはハラスメントではないですね」
  - ●自分の価値観による説得
    「悪い人ではないから問題にしないほうがいい」
    「たいしたことないから我慢したほうがいい」
    「あなたの考えすぎではないか」
  - ●自分の価値観によるアドバイス
    「相手と二人でじっくり話し合えばいい」
    「気にしないで仕事に集中したほうがいい」

6-9 相談窓口担当者への教育
——事実関係の確認

 相談者に配慮しながら行為者からも事実確認を行なう

　事実確認は、被害の継続・拡大を防ぐためにも迅速に対応する必要があります。

　相談窓口担当者も人事部門などの担当者も、まず相談者からあらかじめ了承を得たうえで、行為者からも事実関係を確認します。その際は、相談者の心身の状態などにも配慮する必要があります。

　相談者と行為者の間で、事実関係に関する主張が一致しない場合は、第三者からも事実関係を確認することが必要です。社内で事実関係の確認を試みるも、解決が困難な場合は、調停の申請などにより、中立な第三者機関に紛争処理を委ねる方法もあります。

 「行為者聞き取り票」があると進めやすい

　事実確認をする際には、あくまでも具体的に「いつ」「どこで」「どのような具体的な言動があったのか」という「事実」に対する確認をします。

　行為者からは「なぜそのような言動をとったのか」という点や、加害行為の意識があったのか、謝罪の意思があるのか、などの本人の意向も確認します。

　相談窓口担当者が迷わず対応するためには、決まった「行為者聞き取り票」を準備しておくことも考えられます。次ページは「あかるい職場応援団」のサイトに掲載されている「行為者聞き取り票」のサンプルです。参考にしてください。

◎「行為者聞き取り票」のサンプル◎

行 為 者 聞 き 取 り 票

第　回 面談日時	年　　月　　日（　　）　　　：　～　　：	
担当者		
対象者	氏名　　　　　　　　　　所属	
事実確認	・相談者との関係 ・相談者が主張している事実関係の有無、相違点等 　相談のような言動があったか 　いつ、どこで、どのような言動であったか	
行為者の 対応・意向	・なぜ、そのような言動を取ったか ・加害行為の意識の有無 ・謝罪等の意思の有無	

チェックリスト

☐ 事実確認は、被害の継続、拡大を防ぐため、相談があった
　ら迅速に開始する

☐ 事実確認にあたっては、当事者の言い分、希望などを十分
　に確認する

☐ ハラスメントがあったのか、またはハラスメントに該当す
　るか否かの判断に時間を割くのではなく、問題となってい
　る言動がただちに中止され、就業環境が改善されることが
　優先される

123

6-10 相談窓口担当者への教育
──対応措置の検討・実施

 対応を検討する際に考慮することとは

　発生した事象に対して、どのような対応をするかということを決定するには、まずハラスメントの定義や行為類型に照らし合わせ、状況を整理して判断します。

　その際には、次の要素を考慮して検討を行なうことができます。

- 相談者の被害の状況（身体的、精神的な被害の度合い）、心情　等
- 相談者、行為者、第三者への事実確認の結果／相談者と行為者の人間関係／当該行為の目的や動機／時間や場所／該当行為の程度（質）や頻度（量）

 事実確認の結果から対応方法を考える

　事実確認の結果として、次の３つのパターンが考えられますが、それぞれの状況ごとに対応すべきことがあります。

①ハラスメントがあったと確認できる場合

　あきらかにハラスメント行為があったと確認できる場合は、その行為に対する対応として、就業規則などに準じて行為者に対しては懲戒処分の検討のほか、行為者への注意・指導、行為者から相談者への謝罪、人事異動などが考えられます。

②ハラスメントがあったと確認することはできないが、そのままでは事態が悪化する可能性があり、何らかの対応が必要な場合

相談者に対するケアが必要な場合がありますので、できる限り迅速に対処することを検討します。

また、ハラスメントの有無を判断することだけにとらわれず、行為者の言動の何が問題だったのかという点を明確にして対処方法を検討することが必要です。

行為者に対して改善を促すことで、事態が悪化する前に速やかに解決につなげるようにします。

③ハラスメントの事実が確認できない場合

ハラスメントの事実はないと確認した場合であっても、相談者のケアは必要です。相談者が安心できるように説明します。

チェックリスト

- ☐ ハラスメントがあったと確認できた場合は、懲戒処分、注意指導、謝罪、人事異動などの対処が必要
- ☐ ハラスメントは確認できなかったとしても、事態が悪化する可能性がある場合は何らかの対処が必要
- ☐ ハラスメントの事実は確認できなかったとしても、相談者へのケアは必要

6-11
相談窓口担当者への教育
──相談者・行為者へのフォローアップ

 相談者へのフォローアップ

　相談者は、実際に自分が相談してから対応した結果の説明を受けるまでの時間を気にしています。

　本人にとっては、解決するのかどうかもわからない状態で待っているため、不安もあります。

　一方、社内の確認に時間を要することが多いため、期待に応えられるほどの速さで対応できるとは限りません。

　対応の説明がない期間は、相談者が「会社は何もしてくれない」と感じて不信感をいだく可能性もありますし、そのままでは事態は悪化してしまうことも考えられます。したがって、できる限り迅速に対応することが大切です。

　また、相談者への説明が不十分になってしまうと不信感を招くので、関係部署にも協力を得て、必要に応じて途中経過の報告をすること等も含めて計画的に対応を進めます。

 行為者へのフォローアップ

　行為者は、部下を教育しているつもりの行為がハラスメントになっているなど、自覚がない場合もあります。

　何が問題なのか、その理由を明確に説明して理解してもらうことが重要です。

　説明が不足した状態で処分をすると、不当な不利益取扱いをされたと感じることもあります。また、行為者自身が心身不調となるケースもあるので、説明と状況把握がポイントです。

行為者が経営者や役員のケース

　行為者が経営者や役員であった場合も、ハラスメント行為を放置することはできません。

　また、その場合は、企業自体が、あるいは経営者自身が法的責任を問われる可能性も出てきます。

　ハラスメントに関する基礎知識を身につけるためには、従業員だけではなく、経営者や役員にも研修を受講してもらうことも検討しましょう。

 チェックリスト

☐ 相談者にも行為者にも企業として対応したことを説明し、理解を得る
☐ 行為者に対しては、具体的にどのような行為が問題だったかを伝えて今後の改善を促す
☐ 相談者にも問題があった場合には、行為者への注意喚起と同様に問題点を伝えて再発防止に取り組む

6-12 相談窓口担当者への教育
──再発防止策の検討・実施

 再発防止のためのポイントと再発防止策

　ハラスメントの再発防止への考え方は、以下の4つの事項がポイントです。

---
①同様の問題が発生しないか
②行為者への処分だけではなく、相談者にとって安全・安心な環境になっているか
③行為者が同じような問題を起こすおそれはないか
④新たな行為者が発生する環境になっていないか

　そのために、考えられる具体的な再発防止策を検討してみましょう。

●行為者に対する再発防止研修の実施

　行為者の立場に配慮した研修の実施が必要です。個別に受講してもらうのであれば、社外のセミナーへの参加を命じてレポート提出を促すことなどがよいでしょう。
　アサーション（自分と相手を大切にする表現技法）の研修や、アンガーマネジメント研修、リーダーシップ研修などにより、コミュニケーションの手法や効果的な指導方法を学ぶチャンスを与えることなどが考えられます。
　そのほか、行為者には制度に対する理解不足が原因となっている場合もあるので、正しい知識をインプットできる研修を準備します。

● ハラスメント発生時のメッセージ発信

　ハラスメントが発生したときに、社内にメッセージを発信することが考えられます。

　トップメッセージは、すでに公表しているかもしれませんが、新たに内容の見直しを行なうことのほか、部門長などの管理職に対する研修などで、注意喚起することなども効果的な方法の１つです。

● ハラスメント事例の活用

　実際に起きた社内のハラスメント事例をもとに、具体的な今後の取組みへ活用することが考えられます。

　具体的な事例をもとに、すでに定めているトップメッセージの見直しをしたり、研修内容の見直し、その他社内ルールの見直しをすることも効果的です。

● 取組内容について定期的な検証と見直しの実施

　発生した事案ごとに具体的な対策の検討も必要ですが、特に何も起きていない場合でも、ハラスメントに対する取組みは継続し、従業員の理解を深めることが再発防止につながります。

　職場環境はメンバーの変動なども影響して変化しているものなので、定期的な実態把握と検証を踏まえて見直していくことが重要です。

チェックリスト

☐ 発生した事案に対する具体的な再発防止策が必要
☐ ハラスメントが発生したことで改めて防止策の見直しを行なう
☐ 取組みについては定期的に検証と見直しを実施する

6-13 ケース別初動対応
――第三者からの通報から始まるケース

 通報のパターンによって対応は異なる

通報のパターンによって、対応のしかたも違ってきます。

【パターン1】通報者が同僚などの被害者の周りの人の場合

被害者本人からの通報ではなく、第三者が通報者の場合、その人が相談窓口に通報していることを被害者は知っているかという点を確認します。

もし被害者が知っているのであれば、この時点で通報者から事情を聞くことはせずに、「これ以降は被害者からヒアリングします」と伝えて被害者からの聞き取りに切り替えます。

しかし、ここで被害者は知らないといわれた場合は、通報者から通報があったことを被害者に確認していいかという点を確認し、承諾を得たうえで直接、被害者からのヒアリングを行ないます。

もし、被害者には通報者が誰かを伏せてほしいといわれたとしても、被害者にヒアリングすることで結果的に通報者がだれか推察されることも多いため、できる限り**通報者が誰であるかを伝えてよいという了承**を得ると安心です。

【パターン2】被害者の家族からの通報

配偶者や両親などの被害者の家族から通報があるケースです。この場合は、被害者本人からの話を聞いて通報してくることがほとんどです。

そこで、**労働契約の当事者である従業員本人に確認する必要がある**ことを説明して、本人からの事実関係の確認を了承してもらうようにします。

【パターン３】ハラスメントを受けている被害者をみて自分も怖くなって通報してきた場合

被害者のことを通報することが目的ではなく、自分がいずれハラスメントを受ける可能性があるかもしれないと考えて、自分の問題として相談してくるケースです。

この場合も、結果的にその通報内容が事実なのかを確認する必要があるので、**被害者へ確認していいかどうかという点をクリアにしておく必要があります。**

見聞きしたハラスメントの被害者へ直接、事情を聞いてもいいという了承を得ないことには、事実関係の確認をすることはできないので、このステップは必要です。

上記のいずれのパターンも、調査の流れとしては被害者本人からの事実関係の確認から始まりますが、その事前の対応を忘れないようにします。

しかし、第三者からの通報から始まっていざ本人にヒアリングをすると、自分はハラスメントと認識していなかった、という主張をする場合や、自分に非があったことにより起きたことなのでハラスメントとして問題にしなくてもいい、と主張することがあります。

この場合、ハラスメントかどうかの判断基準は、平均的な労働者の感じ方で判断されるため、他の労働者が同様の言動を受けることも考えられるので、調査に協力するように話をして事実を確認することで対処します。

チェックリスト

☐ 第三者からの相談に対しても会社として適切に対応することが求められる

☐ 第三者からの通報でも必ず被害者本人から事実を確認する

6-14 ケース別初動対応——匿名で通報があった場合の対応

通報者が誰かということは詮索しない

匿名の文書が郵送されてくることや、匿名で相談窓口のメールアドレスあてに情報が届くことなど、匿名でハラスメントの通報があるケースがあります。

匿名の通報だからといって、それだけで信憑性に欠けると判断せず、事実かどうかを見きわめたうえで、対応することが求められます。

具体的な内容がまったくない場合は確認するすべもありませんが、対象者の氏名や日付や場所などの具体的な情報がある場合は、調査対象とする必要があるでしょう。

具体的な確認を始める際には、匿名で情報提供をしてきた人がだれかということを詮索し、調査することは避けるようにしたほうがよいでしょう。

通報した本人は、匿名で通報したいと思って行動を起こしているわけですから、通報者について深く詮索することに大きな意味はありません。

通報された対象者へのヒアリングを検討する

あくまでも通報された内容にもとづいて、**その内容が事実かどうかの確認をすることに注力**します。

通報内容にある対象者（加害者・被害者）や対象部門の上司などに対して、匿名の通報が入ったため調査をしたいのでヒアリングをさせてほしい、ということを伝えて、直接、話を聞かせてもらうことを検討します。

通報することにより、何らかの解決を会社に求めていることには変わりはないので、周りの人にも協力してもらうことになります。

 通報してきたのが退職者の場合は

匿名による通報のなかには、通報者が退職者というケースがあります。具体例としては、元従業員が匿名で、ハラスメントが原因で退職したという通報をしてくることなどです。

この場合は、すでに退職した人に対するハラスメントの事実を確認すること以外にも、同様の事象が現在、社内で発生していないか、という観点から調査をしていくことが必要です。

ある部門で退職者が多く発生していることなどは起きうることですが、その原因がハラスメントとは限りません。

まずは、対象部門全体へのアンケート調査や個別面談などによって、現時点でハラスメント被害が発生していないかを確認すると、事実が浮かび上がってきて、その事象に対して具体的な調査が可能となることがあります。

通報者が退職者だからといって、対処しなくてもいいとは限りません。民事上の不法行為に対する損害賠償請求や使用者責任を問われる可能性が残されているので、一律に調査をしないということではなく、その通報内容を踏まえて対応方法を検討することがよいでしょう。

 チェックリスト

- ☐ 匿名の通報でも、内容を確認して対応方法を検討する
- ☐ 退職者からの通報の場合は、対象者だけではなく現場で同様の事象が起きていないか確認する
- ☐ 匿名の通報者探しには注力しない

6-15
ハラスメントに該当しなかった場合の終了方法

 ハラスメントになり得ない場合でも対応は必要

　ハラスメント相談窓口には、ハラスメントとして認められないような事案も持ち込まれることがあります。しかし、最初の情報を受け取ったときには、先入観をもたずに対応しなければなりません。

　第一報の内容からあきらかにハラスメント行為があるように思われる事案でも、逆に軽微な内容でハラスメントにはなり得ないような事案でも、迅速に調査に臨むことで、その背景や事情がわかってくることもあります。

　では、ハラスメントがあきらかでないと思われるときの対応はどうしたらよいのでしょうか？　以下の3つのケースに応じて対応を検討します。

①**現時点ではハラスメントとは判断できない内容でも、継続する恐れがある場合**

　相談された事実を確認していくと、現時点ではハラスメントとは判断できないような内容だったとしても、同じような事象が継続するとハラスメントとなる恐れがあるようなこともあります。

　この場合は、ハラスメントを未然に防ぐためにも、行為者とされる対象者に注意指導を行なったうえで、相談者へは調査の終了を報告します。

　厚労省のパワハラ防止措置のガイドラインでも、「状況を注意深く見守る」「上司・同僚などを通じて行為者に間接的に注意を促す、または直接注意を促す」などと、事案に即した対応を行なうことが適切な例としてあげられています。

②ハラスメントとは認定できないが疑わしい行為はある場合

　相談者と対象者（行為者）双方の言い分が異なるなど、事実を確実に判断できないような場合もあります。

　厚労省のガイドラインでは、相談者と行為者の当事者だけでは意見の食い違いがあり、事実の確認が十分にできない場合は、第三者からも事実の確認を聴取する措置を講ずることのほか、紛争調整委員会が行なう調停の申請をすることなども考えられると示されています。

③**調査の結果、ハラスメントの事実はなかった場合**

　行為者とされた人や第三者へのヒアリングを行なったことにより知った事実も含めて、ハラスメントの事実がなかった場合は、そのことを報告する必要があるので、調査に協力した人に対して守秘義務を解除することに同意を得ることも必要です。

　相談者の納得を得られるような報告をしない限り、相談事案を終了できない可能性があるので、できる限り具体的に報告できるように準備します。

　相談者自身の問題であったり、相談自体に不正な目的があったりすることもありますが、いずれの場合でも、ハラスメントとして認定しなかったことの経緯をできる限り丁寧に伝えます。

チェックリスト

☐ 最初に受けた相談の情報に対する先入観で対応しない
☐ どのような内容であっても迅速かつ適切な調査を実施する
☐ 相談者に対する報告のために、ヒアリングをした第三者から守秘義務の解除についての同意を得る

ハラスメント ✛ コラム

相談体制チェックリスト

　相談体制チェックリストについて、以下のようにまとめてみました（厚労省サイトの「職場におけるハラスメント対策」を参考に作成しました）。

☐　ハラスメント相談対応窓口を設置している

☐　相談窓口は従業員がいつでも相談できるように、わかりやすく周知している

☐　相談窓口担当者向けの対応マニュアルが準備されている

☐　相談窓口担当者向けの研修が実施されている

☐　相談受付方法は面談だけではなく、メールや電話などの複数の方法で受け付けている

☐　相談を面談で受け付ける場合、個室を用意しプライバシーが守られている

☐　１回の面談時間は50分程度とし、ゆっくり時間をかけて聴くこと（傾聴）を心がけている

☐　相談を受けたら迅速に事実確認をして、適宜フォローアップをしている

☐　ハラスメント行為者から事実確認をする場合は、相談者にあらかじめ了承を得ている

☐　ハラスメント事案が発生した場合は、行為者と相談者の双方に対して判定結果および企業としての対応を説明することにしている

☐　ハラスメント行為者に対して、その行為がハラスメントに該当する理由を説明し、理解を促すフォローアップをしている

7章

ハラスメント防止のための研修の準備・設計・実施のしかた

研修を成功させるためのすすめ方をまとめました。

7-1

研修の準備
──実態把握と課題の確認

 実態把握のためにアンケートなどを実施

1-3項で触れたように、ハラスメント行為者を出さないようにするためには社員教育が重要であり、そのために実施したいのが「研修」です。

研修を実施するためには準備しなければなりませんが、準備に必要なことは、**社内の実態をしっかり把握する**ことです。

実態を把握することで、誰に何を伝えるべきなのかという研修の目的や方向性が明確になります。

実態を把握する方法としては、アンケートやヒアリングなどが考えられますが、アンケートを行なう場合には、○×式などだけのアンケートではなく、自由に記述してもらう形式も取り入れましょう。はっきりとは答えられないけれども、なんとなく気になることなども記入してもらえる可能性があるからです。

また、研修に何を期待するかなどのストレートな質問も、具体的な要望を回収することが期待できるので、よいでしょう。

1人ひとりの声を確実に拾い上げることで、問題となる前の事象も見逃すことなく、課題として認識することが可能となります。

 アンケートは研修実施の告知でもある

アンケートなどから見えてきた実態から、現時点でハラスメントとなる可能性があるものはないのか、ハラスメントにまでは発展していないけれど、何が原因で労働者が気になっているような環境になっているのか、などの考察を行ないます。

その際には、会社として行なわなければならないハラスメント防

止措置を確認することも必要ですし、法令や厚労省の指針のほか、就業規則等の社内ルールの確認も行ないます。

なお、社内アンケートの実施は、研修を告知するという位置づけともとらえられることがあるので、研修への参加を動機づける1つの要素にもなります。

逆にいうと、アンケートのみ行なって、それ以降は何もしないで放置していると、ハラスメントの問題を会社が解決してくれるという期待を裏切ることになります。

そのためには、やはり研修の事前準備をしっかりと行ない、スケジュールどおりに研修を実施することが大切です。

チェックリスト

☐ 実態把握のためにアンケートやヒアリングなどにより課題を確認する
☐ アンケートでは自由記述の形式も取り入れる
☐ アンケートは研修実施の告知でもあるため、アンケートをした後に放置しないようにする

7-2
研修の準備
——テーマとゴールの設定

 研修のゴールはシンプルに考える

　社内の実態が見えてきたのちに、研修を実施するゴールを設定します。

　つまり、現在ある課題を解決するために必要なことをさぐり、研修後の姿をイメージしていきます。しかし、課題が多くある場合は、その解決は容易ではないため、ゴール設定が難しくなってしまいます。

　研修を1回実施しただけで、課題がすべて解決するわけではありませんから、焦点を絞ってみることがよいでしょう。

　複数の課題があった場合でも、できれば研修のゴールはシンプルに考えるほうがよいです。

　ゴールがシンプルなほうが研修設計もスムーズです。伝えるべき内容もはっきりして、研修を行なう側に迷いがなくなり、自信をもって進めることができます。

 基礎知識の理解から研修を始める

　たとえば、「ハラスメントに関する知識不足」という課題は、多くの会社がかかえる現状ではないかと思います。そこで、まずはハラスメントを正しく理解することを研修の目的の1つにします。

　さらに、ハラスメントを防止することの意味や効果、そしてそれがいかに重要なことなのか、ということも合わせて理解してもらいます。

　そのうえで、ハラスメント防止のためにはどうすればいいのか、ということをみんなで考えてみる、という流れで研修を始めてみる

のも1つのやり方です。

 研修は定期的に継続して実施する

　研修を1回だけ実施すれば、効果があり、もう二度としなくてもいい、というわけではありません。研修は、計画的に継続するという前提で設計することがよいでしょう。

　社内で公表しているハラスメント防止措置やトップメッセージの内容と研修の内容がマッチしているか、という点は忘れずにチェックしておきたいところです。
　また、課題解決のために会社としてどのような方針でいくのか、ということも、社内で検討して決定し、その内容を伝えられるように準備することになります。

　1回1回の研修に対して、それぞれのゴールを明確にし、伝えたいメッセージをはっきりさせることで、研修内容の詳細を決めることができるようになります。

チェックリスト

☐ 社内の実態と課題から研修のゴールを決定する
☐ 研修のゴールはシンプルに
☐ 1回の研修では完結しないので、継続することを前提として計画的に設計する

7-3
研修の設計
——研修の受講者の決定と研修形式

 研修の受講者は階層別に分けたほうがベター

　研修のゴールが決まると、研修の受講者を誰にするかということも決まります。

　社内のハラスメント防止研修の受講対象者の構成を検討する場合、一般社員と管理職とを分けることが多いです。

　従業員だけではなく経営者（役員）にも行なうことが必要と考えることもあるので、その場合は一般社員、管理職、経営者（役員）と３つに分けて行なうことが現実的でしょう。

　職務上の立場によって視点が異なるため、またそれぞれの立場で課されている責任の範囲も異なり、それぞれに伝えたいメッセージは異なります。つまり、研修のゴールも異なるわけですから、一緒に行なうことは困難です。

　分けたほうがよい理由はほかにもあります。たとえば、上司と部下が一緒に研修を受けることになると、職場の上下関係が持ち込まれることになり、結果的に自由に素直な意見を話せる場ではなくなってしまう可能性もあります。

　一方、上司と部下が一緒に研修を受けることで、共通言語をもつことができるということも考えられますが、その場合の研修コンテンツには工夫が必要です。

　職場の立場を超えた相互理解を目的として階層を超えて受講してもらうことも考えられますが、その場合は、すでにハラスメントへの理解がある程度なされていて、会社の方針なども共有されている環境であることが前提になるかもしれません。

　そのほか、ハラスメント行為をした人や行為者になる危険性があ

る対象者のみを招集して研修を行なうことも考えられますが、どのような目的で受講メンバーを決定したかを説明することが難しいので、受講者を分けるにしてもこの区分は設定しづらいでしょう。

受講対象を階層別に区分することで、伝えたいメッセージを整理することが可能です。たとえば、経営者や管理職には、1人ひとりの日々の行動が部下にとっては会社からの指示・命令となるので、彼らには事業主に課せられている責務を正しく理解してもらうことが重要となります。

また、ハラスメントが発生すると何が問題となるのか、影響範囲についても十分に理解をうながしましょう。

講義形式とディスカッション形式

研修の実施形態には、講義形式とディスカッション形式が考えられます。

講義形式でも、質疑応答や事後のアンケートで声を拾えるような工夫をするとよいでしょう。

ディスカッション形式の場合は、受講者に気づきを与える環境づくりがしやすく、参加者同士のコミュニケーションを深めることや一体感の醸成も期待できます。

チェックリスト

- ☐ 研修のゴールを決めると、受講対象者も決まる
- ☐ 研修は階層別に実施することが多い。一般社員と管理職と経営者などの区分が考えられる
- ☐ 実施対象者が決まると、具体的に伝えたいメッセージを整理し、効果が期待できる研修の形式を選択する

7-4

研修の設計
——研修コンテンツの構成

 1つの事例から研修コンテンツを構成すると

研修コンテンツの構成について事例から考えてみましょう。

①研修のゴールを提示する

　どのような受講者に対しても、研修のゴールを理解してもらったうえで研修を始めることが有効なので、まずゴールの説明をします。
　この研修の受講により、どのような効果を期待しているのか、どのような心がまえで受講してほしいのか、ということを伝えます。

②ハラスメントの知識をインプットする

　研修は目的にもよりますが、まずは知識として身につけてほしいことを概論として伝えます。初めてのハラスメント研修であれば、ハラスメントの基礎知識を説明して、正しく理解してもらうことが必要です。
　ハラスメントについて法律ではどのような定めがあるのか、社内で必要な措置にはどのようなことがあるのか、ハラスメントが起きることによる影響にはどのようなことがあるのか、などについても理解してもらうことで、研修の必要性が正しく理解できます。

③課題を提起し、各論へ

　知識をインプットした後は、考えられる課題を具体的に提起して、各論に入っていきます。
　研修のゴールを踏まえて、絶対に外せないという事項を絞り、その内容を中心に構成を考えていきます。しかし、あまり細かい点にフォーカスしすぎることで、全体像や研修のゴールが見えなくなる

と困るので、あくまでもゴールをめざして必要な要素で設計していきます。裁判例などの解説を行なうことで、実際に起きている事例から理解してもらうのも1つの方法です。

④ハラスメント防止のための対応方法を具体的に提示

知識や課題だけを理解しても、すぐに行動に移せないと意味がありません。課題を解決するために、また確実にハラスメントを防止するために、必要となる具体的な対応方法を学んでもらうことが重要です。

この段階では、実践ワークなどを取り入れることが考えられます。いままでインプットしたことをもとに、アウトプットをするイメージです。適切なコミュニケーションの取り方、指導のしかたはどのように実践するのか、など個人ワークやグループワークを組み込むことも考えられます。

講義形式による研修の場合は、具体的なQ&Aをつかって解説していく方法などもよいでしょう。

⑤まとめ

最後に伝えたいメッセージをまとめて、研修を完結させます。ここで、研修を受講した人たちがその後、現場に持ち帰ることができる「共通言語」をおさらいすることも効果的です。

チェックリスト

- ☐ 研修の最初でゴールを提示し、受講者とめざすことを共有する
- ☐ 知識のインプットと、具体的な対応策を検討するアウトプットの両方をセットする
- ☐ 研修の最後には、伝えたいことを整理してまとめる

7-5 研修の設計
──ハラスメント事例を共有する

 不快感を与えるハラスメントはたくさんある

　法的に根拠があるハラスメントは、セクハラ、パワハラ、マタハラ、イクハラの4つですが、それ以外にも「○○ハラ」と命名されているハラスメントがあります。

　すべてを理解する必要はありませんが、結果的にパワハラやセクハラなどにつながる可能性があるハラスメントもあるので、社内で事例として共有しておくとよいでしょう。

　ハラスメント事例として共有しておいたほうがよいものを以下にあげておきましょう。

①社内の上下関係や同僚間で起きるハラスメント

　業務指示の延長線上に起きることが多いパワハラですが、固定概念からくるハラスメントがあります。

　1つの例は、年齢、世代に関することです。「エイハラ」などと呼んでいるケースもありますが、特定の年代を区分けすることで差別的な発言をすることです。「ゆとり世代」「バブル世代」「Z世代」などで区分して、「だからゆとり世代は○○だね」などという発言のことです。

　「若いんだから」「もう歳だから」などという発言も状況によっては差別的発言にあたるので、気をつけたいところです。「入社して間もない」などと言い換えることができれば安心です。

②男女、性に関するハラスメント

　性に関することはセクハラの一部ともいえますが、ジェンダーに関する「ジェンハラ」やシングル（独身）に対する「シンハラ」な

どと命名されているケースがあります。

「男のくせに」「女のくせに」などの言い方や、「なぜ結婚しないの？」「独身は気楽でいいね」などの発言も適切ではありません。

筆者も会社員時代に職場でよくいわれていましたが、個人の価値観の押しつけになるので不快に思う人は多いです。

③ネットに関するハラスメント

リモートワークをする人が増えてきたことで、ＷＥＢ会議で個人の部屋や生活に関することを無遠慮に話す人がいます。「リモハラ」などと呼ばれることがありますが、プライベートな空間が映っていても、感想なども含めて容易に口にしてはいけません。

④職場環境・生活上のハラスメント

筆者がよく相談を受けるものの1つに「スメハラ」があります。香水や体臭、柔軟剤やハンドクリームなどの香りなどのほか、特定の飲み物を職場で放置しているため周りに匂いが充満するなどということなども、相談として受けたことがあります。

スメハラについては、嗅覚の個人差もあり、基準がなく当事者に直接注意がしづらいものです。社内全体に対して通知する方法や定期的な換気を徹底するなどの方法が考えられます。

チェックリスト

☐ ハラスメントを理解するうえで、具体的な事例を共有しておくことは効果的

☐ 本人に悪気はなくても、個人の価値観を押しつける発言に要注意

☐ 世代を超えて共通認識ができるようなコンテンツを選択する

7-6 研修の設計――ハラスメント防止のために身につけたいスキル①

 研修受講者同士がケーススタディで考えてみる

　研修を受講することで身につけてほしいスキルの1つに、自分の考えだけで判断せず、**相手の立場で考えて**、**他者との違いを理解する**、ということがあります。

　ハラスメントは人と人との関わりのなかで起きることなので、自分の立場だけで判断するのではなく、相手の立場になった視点でも、また客観的な視点でも、ものごとをとらえて判断することが求められます。

　そこで、具体的な事例をもとに、研修受講者同士で考えてもらう方法があります。相手の立場で考えることを学ぶためには、ケーススタディが効果的です。

　職場で発生しそうな具体的なケースを取り上げて、問題となる言動に対して、行為者と被害者それぞれの立場にたって気持ちを考えてみて、何が問題なのか、原因は何か、解決する方法には何があるのか、という点を話し合ってみることが重要です。

 ケースの設定はどうしたらよいか

　具体的なケースの設定については、まずは社内アンケートなどで収集した情報から作成してもよいですし、厚労省が管轄しているハラスメントの情報コンテンツである「**あかるい職場応援団**」の「職場のハラスメント（パワハラ、セクハラ、マタハラ）の予防・解決に向けたポータルサイト」（mhlw.go.jp）のサイト内の事例などを取り上げることでもよいでしょう。

社内の事情に近い内容であれば、受講者もよりリアルに理解することができるかもしれません。

その結果、何を伝えたいかということについても、ポイント整理ができればよいでしょう。たとえば、「管理職に対して部下を育てる指導方法のポイントは何か」「発展的で協調的な相互尊重コミュニケーション力を高めるためにどうすればよいか」などといったテーマです。

ちなみに、あかるい職場応援団のサイトでは、多くの学びコンテンツが含まれています。たとえば、次のようなスキルについても提供されています。

【相互尊重を実践するための上司の5つのスキル】
スキル①　事実ベースで100％褒めて、一緒に喜ぶ
スキル②　事実で叱り、解決策は情報共有
スキル③　メンツを気にせず部下に謝る
スキル④　権限委譲する
スキル⑤　「ホウレンソウ」する

チェックリスト

□ ハラスメント防止のためには、客観的な視点をもつことが重要
□ 具体例から研修受講者同士で課題のポイントや解決方法を共有する
□ 必要なスキルを具体的に項目出しするなどして理解しやすくまとめる

7-7 研修の設計──ハラスメント防止のために身につけたいスキル②

 ポジティブシンキングで考えるようにする

起きている事実は同じでも、肯定的にものごとをとらえて次の行動へ活かしていけるような考え方として「ポジティブシンキング」がよいと考えられています。

たしかに、ネガティブな感情に引きずられて落ち込み、悩みすぎることでムダな時間を過ごしてしまうことがないようにしたいところですが、ただ楽観的に考えればいいという単純なことではありません。

そこで、ポジティブシンキングを身につけるための1つとして、状況をリフレーミングすることが考えられます。

リフレーミングとは、状況・経験・出来事・考え方などのものごとのとらえ方を変える心理学的技法で、自分のもっている思考の枠組みを変え、違う視点でものごとを見ることです。

相手の立場にたち、相手を理解し共感することが前提となるので、人間関係を円滑にするための手法として、ビジネスの現場でも広く活用されています。

 会社でもリフレーミングを活用する

研修のコンテンツとしても、相手の性格や行動特性を別の角度から考えなおして、発想を転換するトレーニングをすることで、固定化された枠組みでしか、ものごとをとらえられない状況から柔軟な発想を得られ、相手を理解しやすくなります。

相手の話を理解できないことによるストレスを未然に防ぐことで、ハラスメント行為を防ぐことにもつながるでしょう。リフレーミン

グの練習により、性格や行動特性をポジティブな表現に置き換えられるようになり、視点が変わってくると、新しいコミュニケーションの取り方ができるようにもなってきます。

たとえば、「おせっかいな人」と思っていた相手に対して、「細かなことまで気がつき、的確な意見をくれる人」と置き換えてみることができれば、その相手に対する印象も変化して、円滑な人間関係を構築できるきっかけになることも考えられます。

ただし、このような考え方も、ポジティブに考えることを強要されていると感じる人もいます。

自発的にとらえ方を変えてみたいと考えて、自分の想像力を活用していくことが大切なので、反発のない範囲で提案していくことになります。

また、リフレーミングをすることで、意味やニュアンスが変わってくることもあるので、具体的な解説をするというよりは、現場の受講者たちが自らの言動を振り返り、気づきを得ることを大切にしましょう。

チェックリスト

- ☐ ハラスメント防止のために、ものごとのとらえ方についても考えなおしてみる
- ☐ 受講者たちが共通の体験をすることで、円滑な人間関係を構築できるきっかけに
- ☐ 相手の立場にたち相手を理解することの重要性を伝える

7-8 研修の実施
──効果的な研修にするために必要なこと

 受講者が気づきを得て行動を変えられるようにしよう

　繰り返しになりますが、研修の設計は、研修の目的・ゴールを明確にすることから始まります。

　研修をする目的やその理由を明確にすることで、何を重点的に行なうべきなのか、研修を効果的にするためにはどうすればいいのか、ということを具体的に考えていきます。

　ハラスメントは、現場で日々起きる可能性があることなので、研修として基礎知識をインプットするだけではなく、受講した労働者がハラスメントに関する気づきを得て実行できること、そして行動を変えられることが求められます。

　研修により知識がインプットされるだけではなく、受講者本人に気づきがあることで、受講後からの行動に変化をもたらすことが可能となります。その結果、ハラスメント防止へもつながると考えられます。

　研修でハラスメントについて単に知識として伝えるだけではなく、研修を受講したことにより、自ら考えて気づくことができると、より効果が期待できます。

 「べき論」で伝えるのはNG

　ハラスメント防止を目的とする研修で、「○○はハラスメントになるからダメ」「△△ではなく□□してください」などと具体的な「べからず」ばかりを伝えてしまうと、その後の社内のコミュニケーションでは身がまえてしまうだけになりがちです。

　一方的に「べき論」ばかりを伝えるよりも、前向きなキャッチフ

レーズを共有することで、それをもとに自ら考えてもらえるようにすることで、理解を深めてもらいましょう。

また、研修講師自身の発言も重要で、研修のなかで他者を尊重する発言を大切にし、受講者との信頼関係を構築できるようにすることが重要です。

研修内容についても、受講者が自分ごとと感じて、どのように考えればいいのか、どのように行動すればいいのか、を考えることができる環境づくりを考えてみましょう。

ちなみに、ハラスメント防止のキャッチフレーズの例としては、次のようなことがあげられます。

- 話すよりも相手の話をまず聴こう
- 人それぞれ違って当然。相手を尊重することが大切
- 攻撃ではなく事実に対する的確な指導を
- 嫌味をいっても相手は変わらない
- ハラスメント行為は会社のリスク

チェックリスト

- □ あるべき論だけではなく、自ら考えてもらえるキャッチフレーズの共有を
- □ 研修で知識を提供するだけではなく、気づきを与えること
- □ 自分ごとで考える。いつでも自分も、加害者にも被害者にも傍観者にもなり得る

7-9 研修の実施
──受講者の意欲の引き出し方

 ハラスメントは会社のリスクになることを伝える

　実は、ハラスメント研修を積極的に受けたいと考える人は多くないので、研修中にいかに受講する意欲を引き出すか、ということが研修効果を左右します。

　なぜハラスメント研修が必要なのか、ハラスメント行為があると会社にとって大きなリスクになることを伝えるほか、社長をはじめとした経営陣がハラスメントを防止したいという強い意志があることを伝えることも効果的です。

　また、実際にハラスメントが起きていれば、その事実を伝えること、起きる可能性があるような状況であれば、そのことについても伝えて、自分たちがすべきことが何か、何を改善すべきなのか、環境改善のためにすべきことを認識し、動機づけしていきます。

　ハラスメント行為があると、会社にとってリスクになることは、何となくは理解できるかもしれませんが、具体的にどのようなリスクがあるのかということまで理解している人は少ないです。

　会社に課せられているハラスメント防止措置が講じられていない場合の問題や、ハラスメントの行為者自身にも責任追及されるリスクがあることなど、具体的なことも伝えて、自分ごととして理解してもらえるように伝えましょう。

 研修では受講者同士の対話の機会も必要

　ハラスメント研修が講義形式であったとしても、知識をインプットするだけではなく、多少でも受講者同士で対話する機会を設けることもあります。

受講者同士が対話して情報を共有しあう場面では、それぞれがある程度は自己開示ができる安心した場でなければなりません。

　研修講師が受講者への問いかけをすることで、対話しやすい環境をつくり出すこともできますが、対話の場では、発言内容はこの場だけのものとして口外しないことや、だれに対しても話を聴く姿勢を大切にすることなど、その場のルールを伝えましょう。

　その場での受講者たちの発言を尊重し、その発言したという行為自体を肯定して感謝を伝えることで、積極的な意見交換の場になり、参加を促すことが可能になるでしょう。

　しかし、すべての受講者が積極的な姿勢で取り組んでくれるとは限らず、一定程度は批判的な態度の受講者が存在します。「厳しい指導は必要だ」「私はそうやって育ってきた」などと過去の自分の経験をもとに批判的な発言をすることもあるかもしれません。

　これは、自分の態度が否定され、自分の言動がハラスメントだと気づくことの裏返しでもあります。

　そのような人の発言を否定することではなく、その思いを聴くことも必要です。明らかに誤った言動については、説明して問題点を理解してもらうように促すことができればよいでしょう。

チェックリスト

- ☐ 受講者に研修のゴールを理解してもらい、積極的に参加できる環境を整備する
- ☐ 会社の問題だけではなく、みんなの自分ごと、だということを伝える
- ☐ 安心して対話ができる環境づくりをめざす

7-10 研修のフォローアップ
——研修直後の対応

 受講後のアンケート実施

　研修を実施したあとでは、受講者に振り返る時間をもってもらうことが必要です。

　受講後のアンケートが最も手軽な方法かもしれません。

　研修内容の理解度、気づきの有無、具体的な気づきの内容、受講後にハラスメント防止のために実施したいこと、研修で気になったこと、職場で気になっていること、その他感想などもアンケート項目に入れてみるといいでしょう。

　研修を受けたことで気づきがあり、その結果、行動に結びつけることができれば、研修を実施した効果があったといえます。

　アンケートは、記名式でも無記名式でもよいでしょう。無記名式のほうが率直な感想を聞けるかもしれません。

　また、自由記述もできる形式がよいでしょう。

　アンケート結果については社内で公表する必要はないと思いますが、次の研修に活かすことや、社内の課題を確認するためには役に立つ情報です。

 研修の一定期間経過後のアンケート実施

　個人個人の研修効果を確認するために、研修後一定期間を経過したあとで、アンケートを行なうこともできます。このアンケートでは、個人の行動を含めて変化があったかどうか、職場環境に変化があったかどうか、を探ります。

　その他、研修後の社内相談窓口の利用状況についても、確認しておきましょう。

厚労省でも、ハラスメントへの取組前と取組後にアンケートを行なうという想定で、実態調査方法のマニュアルやアンケートのテンプレートなどを公表しているので参考にしてみるとよいでしょう。

　7－6項で紹介した「**あかるい職場応援団**」の「職場のハラスメント（パワハラ、セクハラ、マタハラ）の予防・解決に向けたポータルサイト」（mhlw.go.jp）のサイト内のハラスメント関係資料ダウンロードコーナーに掲載されているので確認してみてください。

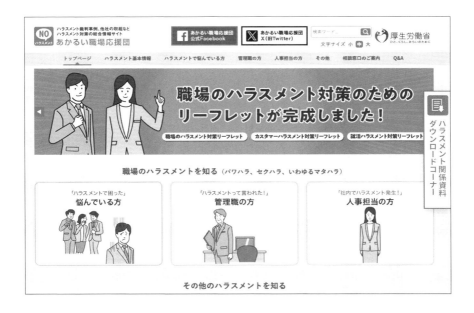

チェックリスト

- ☐ 研修実施後すぐに、研修の振り返りをしてもらう
- ☐ 研修実施から少し時間が経過してから、変化を確認することも大切
- ☐ １年経過すれば忘れてしまうことも多いので、定期的な研修は必須

ハラスメント ➕ コラム

モラハラとは

　本書では、法的根拠のある「セクハラ」「パワハラ」「マタハラ」「イクハラ」を中心に説明していますが、「○○ハラスメント」と命名されて、さまざまなハラスメント情報があふれています。

　そのなかでも「モラルハラスメント」について話題になることがあるので、簡単に解説しておきたいと思います。

　厚労省が運営している「働く人のメンタルヘルス・ポータルサイト　こころの耳」では、モラルハラスメント（以下、「モラハラ」という）について次のように解説されています。

　「言葉や態度、身振りや文書などによって、働く人間の人格や尊厳を傷つけたり、肉体的、精神的に傷を負わせて、その人間が職場を辞めざるを得ない状況に追い込んだり、職場の雰囲気を悪くさせることをいいます。パワハラと同様に、うつ病などのメンタルヘルス不調の原因となることもあります」

　この解説にあるとおり、モラハラは、パワハラの類型としてあげられている「精神的な攻撃」「人間関係からの切り離し」「過大な要求」「過少な要求」などに当てはまる言動だといえます。

　2つのハラスメントの異なる点は、パワハラは職場におけるハラスメントですが、モラハラは職場だけではなく、家庭内などどこでも起きる可能性があることです。

ハラスメントと労災の認定はどうなっているか

ハラスメントにより精神障害を発症すると労災認定されることがあります。

8-1 労災とは

 ### 労働災害は労災保険法で補償される

「**労災**」とは、「労働災害」の略称であり、「労働者災害補償保険」（労災保険）の略称としても使われています。

労働災害とは、仕事によって生じたケガや病気のことをいい、労働者災害補償保険とは、労働基準法（労基法）における災害補償の部分を国が保険制度として準備している制度です。

本来、業務上の災害については、事業主の責任で補償しなければならないと労基法に定められていますが、業務上災害が起きるたびに事業主がすべてを補償することは困難です。

そこで、事業主は国が運営する労災保険の保険料を払い、その労災保険を使って労働者は業務上災害における給付を受けることができるというしくみになっています。

また、通勤途上の災害への補償は、労基法における災害補償ではその責任の範囲ではありませんが、労災保険では**業務災害**だけではなく、通勤途中に発症したケガや病気についても**通勤災害**としてカバーされています（右ページ図を参照）。

 ### ハラスメント行為による心理的負荷は高いか

仕事によるストレスにより精神障害となり、労災請求されることが増えてきましたが、令和2年6月に改正・労働施策総合推進法が施行され、法律上、パワハラの定義が規定されました。

そこで、これをきっかけに、労災認定基準の「業務による心理的負荷評価表」にも、パワーハラスメントが明示されるようになりました。

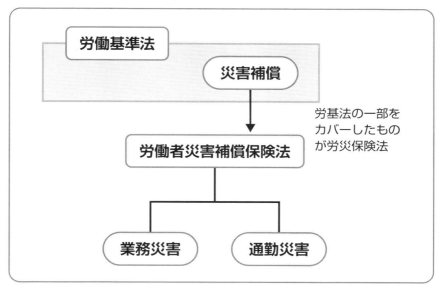

　労災認定基準には、パワハラだけではなく、セクハラやカスハラなども出来事の類型として取り上げられています。
　つまり、ハラスメント行為を具体的出来事に当てはめて、心理的負荷が判断され、その結果によっては労災認定されることもあるわけです。

チェックリスト

- 業務上災害の責任は事業主にある
- 労災保険制度において業務上災害として認められるかは労基署が判断する
- ハラスメント行為により心理的負荷が高いと労災認定される可能性がある

8-2 精神障害の労災認定の流れ①

 精神障害の労災認定基準が定められている

近年、仕事によるストレスが関係した精神障害について労災請求されるケースが増えています。

そこで厚労省では、労働者が発病した精神障害について、仕事が主な原因と認められるかどうかの判断基準（労災認定基準）として、「心理的負荷による精神障害の認定基準」を定めていますが、直近では、令和5年9月にこの基準が改正されています。

この認定基準では、仕事が主な原因で発病した精神障害を「過労死等」と表現していて、業務における過重な負荷による脳・心臓疾患を原因とする死亡、業務における強い心理的負荷による精神障害を原因とする自殺による死亡または脳・心臓疾患、精神疾患のことをさしています。

脳・心臓疾患の労災認定基準については、別に示されています。

 精神障害が労災認定される要件とは

精神障害は、外部からのストレスで発症しますが、個人のストレスに対する反応のしやすさにも影響があると考えられています。

また、仕事以外の私生活におけるストレスが精神障害の原因の可能性もあります。

したがって、仕事によるストレスが強かった場合でも、私生活のストレスはどうだったのか、また重度のアルコール依存があるなど個体側の要因はなかったのか、などから精神障害発症の原因を医学的に判断します。

なお、厚労省のサイトには「精神障害の労災認定（過労死等の労災補償 Ⅱ）」というリーフレットが掲載されており、そのなかで精

◎精神障害を発病する原因は何か◎

```
業務による心理的負荷                業務以外の心理的負荷

例 事故や災害の体験               例 自分の出来事
   仕事の失敗、過重な責任の発生       家族・親族の出来事
   仕事の量・質                    金銭関係
   役割・地位の変化                 事件、事故、災害の体験 等
   対人関係　等
              ↓           ↓
           精神障害の発病
                  ↑
             個体側要件
       個人のストレスに対する反応しやすさ
   （※）既往や治療中の精神障害、アルコール依存状況等の
       存在が明らかな場合にはその内容等を調査
```

神障害が発症する要因として、上図のように図解しています。

そのうえで、労災認定の要件を3点ほど示していますが、その要件は、下記のチェックリストのとおりです。

チェックリスト

☐ 認定基準の対象となる精神障害が発症していること
☐ 認定基準の対象となる精神障害の発症前おおむね6か月の間に、業務による強い心理的負荷が認められること
☐ 業務以外の心理的負荷や個体側の要因により発症したとは認められないこと

8-3 精神障害の労災認定の流れ②

 労災認定の可否は3つの要件ごとに判断される

　発症した精神障害が労災認定されるかどうかは、前項のチェックリストにあげた3つの要件ごとに、判断をしていきます。

　まず、「認定基準の対象となる精神障害かどうか」を判断しますが、疾病および関連保険問題の国際統計分類第10回改訂版（ＩＣＤ－10。下表参照）に分類される精神障害であって、認知症や頭部外傷による障害、アルコールや薬物による障害は除きます。

　業務に関連して発病する可能性がある精神障害の代表的なものは、うつ病や急性ストレス反応などです。

◎ICD-10第Ⅴ章「精神及び行動の障害」分類表◎

分類コード	疾病の種類
F0	症状性を含む器質性精神障害
F1	精神作用物質使用による精神及び行動の障害
F2	統合失調症、統合失調症型障害及び妄想性障害
F3	気分［感情］障害
F4	神経症性障害、ストレス関連障害及び身体表現性障害
F5	生理的障害及び身体的要因に関連した行動症候群
F6	成人の人格及び行動の障害
F7	知的障害＜精神遅滞＞
F8	心理的発達の障害
F9	小児＜児童＞期及び青年期に通常発症する行動及び情緒の障害、詳細不明の精神障害

次に、「業務による強い心理的負荷が認められるかどうか」を判断します。

ここでは、厚労省が作成している「業務による心理的負荷評価表」により「強」と評価された場合に認定要件を満たすと判断されます。

①「特別な出来事」に該当する出来事がある場合

特別な出来事には、生死にかかわる極度の苦痛を伴う、または労務不能になるような業務上の病気やケガをした場合や、業務で他人を死亡させたり重大なケガを負わせたとき、強姦などで心理的負荷が「強」と判断されるものをいいます。

その他、極度の長時間労働も該当し、発症直前の1か月におおむね160時間を超えるような、または3週間におおむね120時間以上の時間外労働を行なった場合も、心理的負荷が「強」と判断されます。

②「特別な出来事」に該当する出来事がない場合

特別な出来事に該当する出来事がない場合は、心理的負荷評価表から近い具体的出来事をあてはめ、平均的な心理的負荷の強度を評価していきます。複数の出来事がある場合は、それらを総合的に評価して強度が決まります。

長時間労働に従事することが精神障害発症の原因になり得ることから、長時間労働についてはより細かな視点からも評価されます。

チェックリスト

- □ ハラスメントが原因で心理的負荷が「強」となることもある
- □ さらに長時間労働があると、精神障害発症の原因となり得る
- □ 複数の出来事により結果的に心理的負荷が「強」と判断されることがある

8-4

精神障害の労災認定の流れ③

 フローチャートで流れを確認しよう

　精神障害の労災がどのように認定されるか、その判断する流れを右ページのフローチャートで確認しておきましょう。

　精神障害には、労災の対象とならない精神障害もあるので（たとえば、認知症や頭部外傷などによる障害、アルコールや薬物による障害）、認定基準の対象となる精神障害を発症しているかどうか、ということが最初に判断されます。

　次に、別表に沿って判断していくことになりますが、まずは業務による心理的負荷を評価していきます。

　特別な出来事に該当することがあった場合、該当する出来事はないけれど、平均的な心理的負荷の強度、心理的負荷の強度判断などを踏まえて総合評価として判断されます。

　その結果が「強」である場合のほか、業務外で強度Ⅲに該当する出来事がない、顕著な個体側要因がない場合に労災認定されるという流れです。

　業務外で強度Ⅲに該当する出来事が認められ、個体側に要因がある場合でも、最終的に業務以外の要因、個体の要因で発症したのかを判断して労災認定されるかどうかが決まります。

 チェックリスト

☐ 厚労省で精神障害の労災認定フローチャートを公表している
☐ そのフローチャートをもとに労災認定の判断が行なわれる

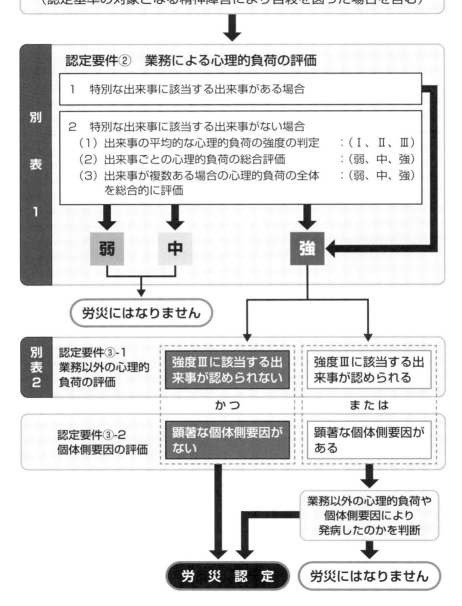

8-5 労働保険審査会で労災認定された事例

 労働保険審査会の役割と事例のあらまし

　労働保険審査会が裁決を行なった事案について、厚労省が公表しています。

　執筆時点では令和2年までの事案が公表されていますが、令和2年1月29日に裁決された事案（業務上災害として認められたケース）を紹介しましょう（平成31年労第103号）。

　なお、「**労働保険審査会**」とは、労災保険および雇用保険の給付処分に関して、不服審査を行なう国の機関です。つまり、労災を申請したが認定されなかった事案等、労災審査官の決定に不服申立てができ、再審査された結果が、労働保険審査会の裁決として公表されています。

　この事案のあらましは、次のとおりです。

　再審査請求人は、平成28年7月1日にB社（派遣元）に入社し、同年7月15日からC社（派遣先）で業務に従事していました。平成29年1月17日に医療機関で「適応障害」と診断され、請求人によると、派遣先の上司からひどい嫌がらせを受けたことが原因で精神障害を発症したとして、休業補償給付を請求しました。しかし、労働基準監督署長は不支給としたため、その処分の取消しを求めた事案です。

 請求人の主張とその判断

● 派遣先から必要な研修を受けていなかったため必要以上の叱咤を受けるに至った。
　⇒社会人的なことに慣れていなかったため、的確な業務を行なわ

せるためには、十分な研修が必要であったにも関わらず、行なわれていなかった。

● 派遣先の上司から人格を否定する、または侮辱する嫌がらせを執拗に受けた。

⇒「お前は仕事を受けられる立場じゃない。俺に許可を取らずに仕事を受けやがって。改ざんじゃねーか。不正じゃねーか」。他の上司からも「それは言いすぎじゃないか」と止められた事実があった。

⇒「幼稚園児じゃないんだからもじもじしていても何も始まらないぞ」と言われた同僚がいて、頻繁に厳しく叱責していた。

⇒社内相談窓口に相談した際に、人格否定・侮辱する発言が繰り返されていたことが認められ、相手を萎縮させるような恫喝めいた発言を止めるように指導を行なっている。

これらを踏まえて、認定基準別表1の具体的な出来事「（ひどい）嫌がらせ、いじめ、または暴行を受けた」に当てはめて評価すると、その心理的負荷の総合評価の程度は「強」と判断することが相当である、と判断されています。

公表されている情報だけですべてを判断することはできませんが、人格を否定するような発言を繰り返すことにより、認定される可能性は高いといえます。

チェックリスト

☐ 労災認定時には、その職場の実態も踏まえて判断される
☐ ハラスメント行為が繰り返されないような環境整備、教育が必要

8-6

ハラスメント相談対応を
めぐる裁判例

 被害申告を受けた上司の対応は適切だったか

　これは、「新聞輸送事件」と呼ばれる事案の裁判例です（東京地判・平22.10.29／労判1018-18）。

　事件のあらましは以下のとおりです。
　派遣社員（女性）が上司や同僚と居酒屋で飲食等し、その後、上司とタクシーで帰路につく途中の車内でスカートを下着が露出する状態まで引き上げたとして、自分の上司に被害申告をしたということから事件は始まります。
　相談を受けた上司は、行為者とされる上司に社内電話で30分程度の事情聴取を行なった結果、セクハラ行為は誤解だとして、これ以上問題にしないようにという発言を繰り返しました。
　その後、社内の労働組合に被害者本人が相談し、団体交渉事項となったときに、初めて会社の代表者が当該被害の申立てを知ることとなり、改めて調査・対応を行なったところ、被害申立てが事実であったという判断に至ります。
　結局、示談交渉し、慰謝料を支払うことと会社代表者が被害者本人と面談し、謝罪するなどの対応を講じました。
　裁判では、会社が上司2人に降格等の懲戒処分を行なったところ、降格処分は無効だと主張し、提訴されています。
　裁判では、「上司は総務部副部長の地位にあり、被害申告を適切に処理すべき職責を負っていたにも関わらず、安易に行為者の説明を真実であるものと信じ、誤った判断をした。また、セクハラ行為にあたらないとの判断を前提とする報告しかせず、問題を公平・中立な立場から解明する機会を遅らせ問題解決を長期化させた。降格

処分には合理的な理由があり、人事権の裁量の範囲内の措置として有効である」と判断しています。

　ハラスメント相談担当者には、適切な相談対応が求められ、その対応次第では、事案が長期にわたり解決しないだけではなく、誤った判断へと導かれる可能性もあります。
　厚労省の指針でも示されているように、ハラスメント相談を受けた場合には、**事実関係を迅速かつ正確に確認**することが大変重要です。

　相談者と行為者の間で事実関係に関する主張に不一致があり、事実の確認が十分にできないと認められる場合には、第三者からも事実確認を聴取するなどの措置をとります。
　上記事例では、最初に電話で30分の聞き取りをしただけで、セクハラではないと判断してしまっています。
　ここで行為者と被害者の両者の主張には不一致があったはずなので、確実に事実を確認するために、丁寧な事実確認が必要だったと考えられます。

チェックリスト

- ☐ 相談窓口担当者だけではなく、上司はいつでも相談対応を求められることがある
- ☐ 最初の事実関係の確認は確実に

ハラスメント➕コラム

労災認定する際の心理的負荷の評価

　精神障害の労災認定では、①認定基準の対象となる精神障害が発病していること、②発病前おおむね６か月の間に業務による強い心理的負荷が認められること、③業務以外の心理的負荷や個体側要因により発病していないこと、が要件となりますが、このうち②の「業務による強い心理的負荷」が認められるかどうかの判断の流れについて確認しておきましょう。

　その際に、発病前おおむね６か月の間に起きた出来事については、「業務による心理的負荷評価表」で判断していきます。

　その期間に特別な出来事がある場合は、心理的負荷の総合評価は「強」となります。

　特別な出来事に該当する出来事がない場合は、状況を総合評価して心理的負荷の強度を「強」「中」「弱」のいずれかと評価します。

　その際に、業務による出来事が、別表のどの「具体的な出来事」に当てはまるか、近いかを判断するために「業務による心理的負荷評価表」でその強度がⅠ（弱）、Ⅱ（中）、Ⅲ（強）のいずれなのかが示されています。

　複数の出来事が関連して生じた場合は、全体として１つの出来事として評価します。関連しない出来事が複数生じた場合には、それらの出来事の近接の程度、発症との時間的な近接の程度、継続期間、内容、数等を考慮して、全体を総合して評価します。長時間労働がある場合は、別の視点からも評価されるので注意が必要です。

　そのうえで、結果として業務による心理的負荷の評価が「強」で、業務以外の要因（心理的負荷や個体側の要因）がなければ労災認定されます。

おわりに

最後までお読みいただき、ありがとうございました。

社会保険労務士として企業労務の相談対応をしていますが、ハラスメントに関する相談は継続して一定数あり、減少することはありません。

企業がすべき対策を講じていたとしても、研修などを通じて定期的な教育をしていたとしても、ハラスメントの心配がゼロになるということは難しいのかもしれません。

組織のメンバーがある程度入れ替わるだけではなく、その人の生活環境の変化等により、価値観も変化することがありますので、どんな変化にも対応できる組織づくりは難しいです。

しかし、諦めずに企業の姿勢を伝え、きめ細やかな対策を継続していくしかありません。

人は思い込みのなかで生きているともいえますので、自分の価値判断で相手を「コミュニケーション能力が低い」と決めつけてしまうことがあります。

しかし、単にコミュニケーションのスタイルが多様化しているだけだと理解すれば、課題を解決する糸口を見つけることもできるかもしれません。

ハラスメントは組織運営の変化、働くメンバーの変化のなかで起きることでもありますので、その変化をチャンスととらえて前向きな対策を検討していただければと思います。

最後に、この本を執筆するにあたり、事務所の実務を支えてくれているスタッフたちに大変感謝しています。また、出版にあたり、厳しくも優しく支援してくださったアニモ出版の編集部および関係各位に心より感謝申し上げます。

濱田　京子

濱田京子〔はまだ　きょうこ〕

特定社会保険労務士、エキップ社会保険労務士法人代表社員、株式会社ゴルフダイジェスト・オンライン社外監査役、株式会社ディア・ライフ社外取締役、東京都紛争調整委員会あっせん委員。

神戸市生まれ、東京育ち。聖心女子大学卒業後、新卒で三井不動産株式会社に入社し、人事部の仕事を経験したことをきっかけに、その後も人事系のキャリアを重ね、2009年に濱田京子社労士事務所を開業。2016年6月にエキップ社会保険労務士法人へ組織改編。自身が大手企業だけではなく、大手企業のグループ会社やベンチャー企業に勤務した経験から、ステージに応じた現実的な対応策の提案・コンサルティングを得意とする。

ビジネス雑誌への執筆、人事労務関連のセミナー講師も多く、著書に『給与計算の最強チェックリスト』『労務管理の最強チェックリスト』『最適な労働時間の管理方法がわかるチェックリスト』『リストラ・休職・解雇の実務と手続き』(以上、アニモ出版)、『副業・兼業制度導入・運用マニュアル』(日本法令)などがある。

【エキップ社会保険労務士法人】
URL　https://www.k-hamada.com

やさしくわかる　職場のハラスメント対策

2024年9月15日　　初版発行

著　者　　濱田京子

発行者　　吉溪慎太郎

発行所　　株式会社 **アニモ出版**
　　　　　〒162-0832 東京都新宿区岩戸町12 レベッカビル
　　　　　TEL 03(5206)8505　FAX 03(6265)0130
　　　　　http://www.animo-pub.co.jp/

©K.Hamada 2024　ISBN978-4-89795-289-5
印刷・製本：壮光舎印刷　　Printed in Japan

落丁・乱丁本は、小社送料負担にてお取り替えいたします。
本書の内容についてのお問い合わせは、書面かFAXにてお願いいたします。

アニモ出版　わかりやすくて・すぐに役立つ実用書

パワハラがない職場のつくり方

小林 秀司＋人本社労士の会 著　定価 2750円

パワハラ根絶を実現する究極の経営人事マネジメントである「人本経営」のすべてを公開。役立つ実例満載で人を大切にする組織風土、企業文化を根づかせる経営の極意を解説する。

管理職になるとき これだけは知っておきたい労務管理

【改訂2版】佐藤 広一 著　定価 1980円

労働法のルールや労働時間管理、ハラスメント対策から、日常よく発生する困ったケースの解決法まで、図解でやさしく理解できる本。管理職やマネジャー研修のテキストにも最適。

労災保険の実務と手続き 最強ガイド

【改訂3版】太田 麻衣 著　定価 2640円

業務災害・通勤災害にあったときの労災保険給付の基礎知識、実務ポイントから、申請書の書き方、労災認定可否の事例集まで、初めての人でも図解と書式でやさしくわかる決定版！

リストラ・休職・解雇の 実務と手続き

濱田 京子 著　定価 2200円

あらゆる退職に関することについて、労働基準法等の基礎知識から、トラブルに至らない実務のチェック事項や注意点、そして適正な手続きのしかたまでをやさしく解説した1冊。

定価変更の場合はご了承ください。